Anna Stempel-Romano

Begegnung mit Pferden

Eine Reise zum Kern der
eigenen Persönlichkeit

Bibliografische Information der Deutschen Nationalbibliothek:

Die Deutsche Nationalbibliothek verzeichnet diese Publikation in der Deutschen Nationalbibliothek; detaillierte bibliografische Daten sind im Internet über dnb.dnb.de abrufbar.

© 2024. Anna Stempel-Romano
Originalausgabe, 1. Auflage 2024
Überarbeitung und Lektorat: Sabine Frigge. Die Ghostwriterin.
Eichstetten. www.sabine-frigge.de

Illustrationen: Cornelia Schwingenschlögl. :CONCARNE.
Graz. www.concarne.at

Gestaltungskonzept, Umschlaggestaltung, Layout, Satz:
Christian Fischer. Greengraphics, Graphic Design & Book Art.
Wien. www.greengraphics.at

Verlag: BoD · Books on Demand GmbH, In de Tarpen 42, 22848 Norderstedt
Druck: Libri Plureos GmbH, Friedensallee 273, 22763 Hamburg

ISBN 978-3-7693-2123-4

Anna Stempel-Romano

Begegnung mit Pferden

Eine Reise zum Kern der eigenen Persönlichkeit

Ohne sie ... eine Widmung

Ohne sie wäre ich heute eine andere – Pferde begleiten mich, seit ich denken kann! In schwierigen Phasen meines Lebens spielten sie immer eine besonders wichtige Rolle und sie bringen mich auch heute noch dem Kern dessen, was ich bin und sein will, immer näher. Wem sollte ich dieses Buch also widmen, wenn nicht ihnen? Den Pferden, die mir nahe sind!

Ohne sie wäre ich heute eine andere – Menschen begleiten mich, seit ich denken kann! In schwierigen Phasen meines Lebens spielten unterschiedliche Menschen eine wichtige Rolle und die Auseinandersetzung mit mir nahestehenden Menschen bringt mich auch heute noch immer wieder mit mir selbst in Kontakt. Wem sollte ich dieses Buch also widmen, wenn nicht ihnen? Den Menschen, die mir nahe sind!

Ich wünsche Ihnen, liebe Leserin, liebe Leser, genau die Pferde und Menschen, die Sie auf Ihrer Reise zum Kern Ihrer Persönlichkeit begleiten und ich freue mich, wenn dieses Buch dabei ein hilfreicher Reiseführer ist.

Inhalt

Vorwort 9

Hintergrund 13

Die lange Geschichte von Mensch und Pferd 15
Mehr Symbol geht nicht 23
Wie ich ein Pferdemensch wurde 29

**Das Pferd – unter sich
und unter Menschen** 39

Pferde brauchen uns nicht 41
Pferde sind Grasfresser 42
Pferde sind Fluchttiere 45
Pferde sind Herdentiere 49
Die Sinnesorgane eines Pferdes 59
Kommunikation bei Pferden 65
Pferde und ihre Emotionen 68
Lernen bei Pferden 73
Konditionierung bei Pferden 83
Spielverhalten bei Pferden 91
Motivation bei Pferden 95

**Wir Menschen –
mit und ohne Pferd** 105

Was wir alles mit zum Pferd nehmen 107
Unsere Welt – ein Konstrukt 109
Unsere Emotionen und ihre Bedeutung 117
Fokus: Scham und Schuldgefühle 120
Resilienz – wie wir Widrigkeiten begegnen 129
Achtsamkeit, eine Lebenshaltung 139
Eine hilfreiche Methode: Embodiment 143

Mensch und Pferd – partnerschaftlich verbunden 147

Der eigene Weg 149
Aus zwei Welten wird eine 150
Führung hat etwas mit Persönlichkeit zu tun 158
Der Zauber der ersten Begegnung 163
Der Zauber vertrauter Begegnungen 169
Vertrauen folgt auf Selbstvertrauen 173
So gelingt der Beziehungsaufbau 183
Auch Abschied nehmen gehört dazu 191
Ausblick 193

Anhang I – Auswahl an Übungen 195

Übung 1: Erwartungen loslassen 196
Übung 2: Embodiment 197
Übung 3: Gefühle wahrnehmen und akzeptieren 198
Übung 4: Achtsamkeit – ein kurzer Check-In 200
Übung 5: Erste Begegnung 202
Übung 6: Begegnung mit der Herde –
nichts tun, einfach sein! 204
Übung 7: Einladung zur Interaktion –
was machen wir heute? 206

Anhang II – Fotonachweis, Links, Quellen- und Literaturverzeichnis 209

Fotonachweis 210
Links 211
Quellen- und Literaturverzeichnis 212

»Ziemlich schlechte Freunde – mal Ackergaul, mal Lebens-gefährte – über die unmögliche Beziehung von Mensch und Pferd«, überschrieb das Magazin *GEO* die Titelgeschichte seiner Ausgabe im Juni 2022. Ist es denn wirklich eine unmögliche Verbindung, die wir mit Pferden eingehen? Können nicht gerade sie uns in einzigartiger Weise helfen und unterstützen? Was ist es, dass sie für unsere Persönlichkeitsentwicklung so einzigartig macht?

Sich mit einem Pferd auf die Reise in eine wirklich gemeinsame Welt zu begeben, ist eine der spannendsten Reisen, die wir unternehmen können.

Bei dieser Reise geht es darum, dass beide Seiten zu ihrem Recht kommen. Als Mensch darf ich erwarten, dass mir mein Pferdepartner zuhört, wenn ich etwas zu sagen habe. Gleichzeitig lerne ich, meinem Pferdepartner zuzuhören, denn auf seine lautlose Art und Weise hat er mir sehr viel mitzuteilen. Beides führt direkt zum Kern der eigenen Persönlichkeit. Das Pferd ist dabei ein stets verlässlicher Partner – wenn die Bedingungen stimmen, wenn wir die Signale verstehen, wenn wir das »Warum« kennen.

Um dieses »Warum« geht es in diesem Buch:
> *Warum wurden gerade Pferde zum Haustier?*
> *Warum besteht diese enge Verbindung zwischen Pferd und Mensch?*
> *Warum geht von Pferden diese besondere Faszination auf uns Menschen aus?*
> *Warum sind sie prädestiniert dazu, uns zu unterstützen?*
> *Warum haben Pferde einen so großen Einfluss auf die Entwicklung unserer Persönlichkeit?*

Wenn wir diese und viele weitere »Warum« verstehen, ist das »Wie« letztlich ganz einfach.

Als Reiterin und Pferdemensch, als Spezialistin im pferdegestützten Business-Coaching sowie als Gründerin und Ausbilderin in der »Pferde-Schule« begleitet, beschäftigt und fasziniert mich dieses Thema seit mehr als drei Jahrzehnten.

Mit sechs Jahren saß ich das erste Mal auf einem Pferd, mit 16 Jahren fing ich an, Reitstunden für Kinder zu geben. Später kam die Spezialisierung auf das Thema pferdegestütztes Coaching hinzu. Ich teile mein Wissen gerne – mit allen an diesem Thema Interessierten, mit allen Reiterinnen und Reitern, die mehr mit ihrem Pferd erleben und von ihm lernen möchten, mit allen Menschen, die an Persönlichkeitsentwicklung interessiert sind und mit Coaches, die ebenfalls gerne mit ihren Klienten erfolgreich im pferdegestützten Coaching arbeiten möchten. Ich tue dies für die Menschen und vor allem für die Pferde. Sie sind so viel mehr als reine Sport- und Freizeitobjekte.

Es geht eine besondere Faszination von Pferden aus. Pferde »bewegen« uns Menschen – nicht nur unsere Körper, sondern auch unsere Seele. Pferdemenschen wissen, wovon ich spreche: von diesem besonderen Gefühl, das wir haben, wenn wir reiten, wenn wir bei den Pferden sind und wenn wir uns mit ihnen (und damit mit uns selbst) beschäftigen.

Für mich sind Pferde seit meiner Jugend der Fluchtpunkt, wenn es in der Welt um mich herum zu wild – aber auch – wenn es zu verkopft zugeht. Das Zusammensein und die Arbeit mit den Pferden erden mich, sie bringen mich ins Hier und Jetzt und raus aus dem Kopf – rein ins Gefühl, ins Herz. Wenn unangenehme Gefühle die Oberhand gewinnen, hilft mir der Weg zu und mit den Pferden, diese Gefühle wirklich wahr- und anzunehmen und sie, mit Unterstützung der Pferde, »aufzuräumen«. So ergab sich für mich, auch in schwierigen Phasen meines Lebens, gemeinsam mit den Pferden, immer der Raum für Neues und Positives.

Das Schöne und Einzigartige ist, dass auch Nicht-Pferde-menschen von all dem profitieren können. Indem sie sich in die geübten Hände eines Menschen begeben, der weiß, wie man Pferde in der Persönlichkeitsentwicklung zielführend und klug einsetzt.

Ihre

Anna Stempel-Romano

Hintergrund

Hintergrund

Gut zu wissen

Menschen und Pferde kennen sich seit Zehntausenden von Jahren. Vom Beutetier wird das Equus caballus ganz langsam zum Nutz- und Haustier. Zunächst gelingt es, das Pferd vor einen Streitwagen zu spannen, schließlich schafft es der Mensch zum Reiter zu werden. Damit kommen Mobilität und Geschwindigkeit in die Welt der Menschen. Ohne Pferde keine Kriege – ohne Pferde auch keine Landwirtschaft und kein Handel. Erst im 20. Jahrhundert löst die Technik das Pferd ab. Pferde »bewegen« Menschen aber noch heute: in der Freizeit, im Sport, in der Therapie und im pferdegestützten Coaching. Was bewegt das Pferd in Ihnen?

Die lange Geschichte von Mensch und Pferd

Der *Homo sapiens* und das *Equus caballus* kennen sich schon seit Zehntausenden von Jahren – im Vergleich dazu arbeiten und leben Mensch und Pferd als Partner jedoch erst eine relativ kurze Zeit zusammen. Die gemeinsame Geschichte begann damit, dass das Pferd unsere Beute war. Noch dazu eine überaus begehrte, denn dem Jäger, dem es gelang, ein Pferd zu erlegen, stand eine sehr wertvolle und auch große Proteinquelle zur Verfügung. Einfach zu fangen war das Pferd sicher nie. Es war wachsam und ausgesprochen schnell, es lebte in Herden und hatte ein ausgeklügeltes Warnsystem. Um es zu erbeuten, mussten die Jäger planvoll vorgehen und sich einiges einfallen lassen. Und sie mussten wissen, wie Pferde »ticken«.

Ein Pferd war immer etwas ganz Besonderes. So verwundert es nicht, dass bereits die Menschen der Steinzeit viel Zeit damit verbrachten, Abbildungen von Pferden zu erschaffen. Nur eines von vielen beeindruckenden Beispielen sind die *Höhlenmalereien von Lascaux*, die am Ende der letzten Eiszeit entstanden sind, und somit aus einer Zeit zwischen 18.000 bis 12.000 vor Christus stammen! **Kein anderes Tier stellten die Menschen in Lascaux häufiger dar als diesen besonderen Vierbeiner.**

Ein Wunder: Der Mensch sitzt auf dem Pferd

Von der Beute wurde das Pferd schließlich zum Haustier. Doch das dauerte und dauerte und dauerte ... Wissenschaftler vermuten, dass es den Menschen erst vor rund 5.000 Jahren gelang, das Pferd vor einen Streitwagen zu spannen. Das Rad war gerade erfunden worden, das Pferd war domestiziert – dank beidem waren die Menschen nicht nur schneller unterwegs, sie konnten auch längere Strecken überwinden.

Aus der Höhle von Lascaux: wunderschöne Darstellung rennender Pferde.

Der Mensch war mobil geworden, allerdings noch lange nicht hoch zu Ross. Berittene Krieger kennen wir erst seit dem 8. Jahrhundert vor Christus – es sollen die Skythen gewesen sein. Sie bevölkerten (und beherrschten) als Volk von Reiternomaden die eurasischen Steppen.

Den Menschen, die es geschafft hatten, sich auf ein Pferd zu setzen und die es danach auch noch in eine bestimmte Richtung lenken konnten, war ein Wunder gelungen. Etwas völlig Undenkbares. Das Raubtier – der Mensch – setzt sich auf den Rücken des Fluchttieres, und zwar etwa dort, wo sich sonst die Raubtiere festbeißen würden. Wir fordern also, dass das Pferd komplett gegen seine Instinkte handelt und oft wird erwartet, dass es das einfach so hinnimmt. Dabei ist dies einer der größten Vertrauensbeweise, die uns ein Pferd entgegenbringt. Die oben erwähnten berittenen Krieger brachten die

»Pferde in eine Schlacht und damit direkt ins Getümmel zu lenken – eigentlich ein Unding.«

Pferde außerdem dazu, in die Schlacht zu ziehen. Doch Pferde sind zuallererst Fluchttier. Von sich aus würden sie dies niemals tun – sie wollen immer nur eines: Weg aus der Gefahrenzone!

»Die wichtigste Leistung, die mit dem Pferd in die Geschichte kommt, ist die Geschwindigkeit«, schreibt Ulrich Raulff.[1] »Schnell sein, hieß beritten zu sein – eine historische Erfahrung, die [...] weitgehend vergessen ist. Das Pferd war die Tempomaschine par excellence; als solche ermöglichte es Herrschaft in einem territorialen Umfang, wie sie ohnedem undenkbar gewesen wäre. Dank dem Pferd ließen sich weite Territorien erobern und ausgedehnte Herrschaften errichten; mehr noch, sie ließen sich auch sichern und aufrechterhalten. [...] Als zähmbares und züchtbares, als von Menschen lenkbares Geschwindigkeitstier [...] wurde das Pferd zum politischen Tier und zum wichtigsten Gefährten des Homo sapiens.«

Seit der Antike nahm die Bedeutung der Kavallerie, also der zu Pferden kämpfenden Truppen, im Krieg stetig zu. Kaiser Karl der Große (747–814) gilt als derjenige, der die militärische Reiterei zur beherrschenden Waffengattung machte. Als die Feuerwaffen erfunden wurden, veränderten sich die Aufgaben der Kavallerie. Diese wurde jetzt mit Aufklärungsdiensten, der Verfolgung des Feindes und dem Schutz des Nachschubs betraut.

Als zu Beginn des 20. Jahrhunderts die Motorisierung einsetzte, wurden Pferde im Krieg vermeintlich überflüssig. Dennoch wurden im Ersten Weltkrieg ca. 14 bis 20 Millionen Pferde eingesetzt. Trotz Eisenbahn und Automobil waren sie unverzichtbar: Die Tiere zogen Wagen mit Munition, Artillerie, Lebensmittel und beförderten Soldaten bis vor die Schützengräben. Auch im Zweiten Weltkrieg sollen allein auf deutscher Seite etwa 2,75 Millionen Pferde eingesetzt worden sein. Noch

[1] Raulff: Das letzte Jahrhundert der Pferde. S. 16

Zweistöckiger Pferdestall eines Berliner Omnibus-
unternehmens um 1900.

immer waren sie ein unentbehrliches Zug- und Transportmit-
tel.[2]

Ohne Pferde keine Entwicklung

Apropos Zugmaschine: Auch in der Landwirtschaft machte dies Pferde zu einmaligen »Hilfsmitteln«. Im 10. Jahrhundert war das Kummet (ein gepolsterter Halskragen) erfunden
worden, so konnten Pferde – ohne, dass ihnen das Geschirr
schnell die Luft abschnürte – vor die Pflüge gespannt werden.
Da Pferde mehr Gewicht ziehen können als Ochsen, kam dies
einer landwirtschaftlichen Revolution gleich.[3] Nicht vergessen
sollte man den Einsatz von Pferden unter Tage. In deutschen
Zechen zogen Pferde die kohlenbeladenen Loren ab ca. 1890
bis in die 1960er Jahre! Schon ab dem 8. Jahrhundert spann-
te man Pferde außerdem vor Treidelschiffe. Schwere Kähne
konnten so auch flussaufwärts bewegt werden.

Landwirtschaft, Handel, Mobilität – all das verdankt die
Menschheit den Pferden.

[2] Pferdesport Westfalen,
Geschichte des Pferdes;
Weitere Infos im An-
hang II in der Rubrik
Links, S. 211

[3] Geo, 6/2022. S. 43

Werbung für einen Fendt-Traktor aus dem Jahr 1954: Pferde dürfen auf dem Plakat nicht fehlen, ebenso wenig die Bezeichnung »Dieselross«. Dieses Plakat zeigt außerdem sehr gut, wie wichtig es für die Menschen ist, auf Altbekanntes zurückzugreifen, um Neues zu verstehen.

Ende des 19. Jahrhunderts lebten in London rund 300.000 Pferde. Allein im größten Londoner Omnibusdepot standen 700 Pferde auf zwei Stockwerken, um die Menschen durch die Stadt zu transportieren. Jedes Gespann der Pferdebusse der Allgemeinen Berliner Omnibus AG lief im Jahr 1906 im Schnitt rund 25 Kilometer pro Tag. Der letzte Pferdeomnibus verkehrte in Berlin im August 1925.[4]

Im 20. Jahrhundert löste die Technik das Pferd ab: Automobile übernahmen nach und nach (fast) alle Rollen. In der Landwirtschaft verschwanden die Pferde ab den 1950er Jahren. Doch eines blieb bis heute zumindest in unserer Umgangssprache erhalten: die Maßeinheit der Pferdestärke, kurz PS, benannt nach der Durchschnittsleistung eines Arbeitspferdes. Auch die Marketingspezialisten bedienten sich weiterhin gerne pferde-assoziierter Bilder des Status und der Stärke. Als

[4] Berliner Verkehrsseiten, Geschichte; Weitere Infos im Anhang II in der Rubrik Links, S. 211

»Beim Reitsport herrscht echte Gleichberechtigung. Nur hier treten Männer und Frauen direkt gegeneinander an.«

eines von vielen Beispielen sei nur der Ford Mustang genannt. Der Name des Sportwagens, der im Frühjahr 1964 auf den Markt kam, verhieß allen Fahrern Großes.

»Quer durch alle Kulturen fungierte das Pferd nicht nur als nützliches Arbeitsgerät, sondern vor allem auch als Mittel zur Selbstdarstellung, sei es in alten Heldensagen, im Rittertum, beim europäischen Adel, in arabischen, iberischen oder amerikanisch-indianischen Kulturen«, schreibt die Verfassungsrichterin, Schriftstellerin und begeisterte Reiterin Juli Zeh.[5] Und weiter: »Gerade in Amerika hat der Cowboy die Tradition der Mann-Pferd-Beziehung im Sinne einer durch und durch maskulinen Domäne noch aufrechterhalten, als das Pferd in Europa als Kriegs-, Arbeits- und Fortbewegungsmittel längst ausgedient hatte.«

1970 gab es in Deutschland nur noch rund 250.000 Pferde. Nach diesem historischen Tiefstand stieg die Zahl jedoch wieder stetig an. Heute sollen über eine Million Pferde in Deutschland leben. Nach Schätzungen der Deutschen Reiterlichen Vereinigung gibt es rund vier Millionen erwachsene Reiter in Deutschland.[6]

Ursprünglich war Reiten reine Männersache. Es war das Handwerk der Jäger und Krieger, der Ritter und Cowboys und das der Jockeys. Ausnahmen waren lange vor allem im Adel zu finden. Im Damensattel bewegten sich hier auch die Frauen »hoch zu Ross«. An der 450 Jahre alten Spanischen Hofreitschule waren Frauen bis 2016 nicht als Bereiter zugelassen. (Selbst die Wiener Philharmoniker waren schneller, sie nahmen die erste Frau »bereits« 1997 auf.) Umso mehr sich das Pferd aber zum Sport- und Freizeitpartner entwickelte, umso größer wurde der Anteil der sich damit beschäftigenden Frauen und Mädchen. Juli Zeh schreibt dazu: »Nachdem das Pferd

[5] *Zeh: Gebrauchsanweisung für Pferde. S. 99*

[6] *Zeh: Gebrauchsanweisung für Pferde. S. 12*

Hunderte von Jahren für den männlichen Herrschaftsanspruch stand, steht es heute für die weibliche Emanzipation, und zwar in Form eines Siegeszugs, einer Übernahme männlicher Territorien durch die Frau. Tatsächlich ist Reiten bislang die einzige sportliche Disziplin, in der echte Gleichberechtigung zwischen den Geschlechtern verwirklicht wurde. Alle Wettbewerbe werden für Männer und Frauen zugleich ausgeschrieben.«[7]

[7] *Zeh: Gebrauchsanweisung für Pferde. S. 100*

Etwa 300.000 Menschen verdienen heute in Deutschland ihr Geld mit Pferden, sei es in der Zucht, in der Haltung, in der Pflege, durch den Verkauf von Ausrüstung oder Futter oder die Erteilung von Unterricht. Oder indem sie Pferde für therapeutische Zwecke einsetzen, etwa in der Hippotherapie, beim heilpädagogischen Voltigieren, beim therapeutischen Reiten oder im pferdegestützten Coaching.

Seine Rolle als »Entwicklungshelfer«, ob im therapeutischen Sinne, als Begleiterscheinung, im »normalen« Reitunterricht oder in der Erwachsenenbildung, hat das Pferd erst seit verhältnismäßig kurzer Zeit inne. Doch sicher ist, dass der Umgang mit einem Pferd zu allen Zeiten die persönliche Entwicklung der sich mit ihm beschäftigenden Menschen beeinflusst hat.

Gut zu wissen

Pferde gelten früh als Macht- und Statussymbole – davon zeugen viele berühmte und bekannte Reiterstandbilder sowie Gemälde. Auch in anderen Künsten, wie Literatur und Film, tauchen Pferde (und damit ihre Symbolsprache) immer wieder auf. Keinem anderen Tier ist dies gelungen. Ihre praktische Funktion haben Pferde dabei nie verloren. Auch das ist einzigartig.

Die berühmte Reiterstatue von Marc Aurel – dargestellt auf einer Druckgrafik aus dem Jahr 1785

Mehr Symbol geht nicht

Wer Pferde beherrschen, sie unterjochen und gefügig machen konnte, besaß Macht – und zeigte dies auch: Nicht umsonst ließen sich Herrscher früherer Epochen gern hoch zu Pferd malen, in Stein hauen oder in Bronze gießen.

Das Porträt Tizians zeigt Kaiser Karl V. nach der Schlacht bei Mühlberg als siegreichen Feldherrn. Der Kaiser lässt sich in voller Rüstung auf einem mit einer Schabracke und Kopfschmuck gezierten Schlachtross darstellen. Das Schlachtgeschehen selbst spielt keine Rolle.

Seit Kaiser Marc Aurel, römischer Kaiser und Philosoph, dessen über vier Meter großes Reiterstandbild um 164 n. Chr. entstand, **gilt das Pferd als Attribut imperialer Macht**. Reiterstandbilder aus Bronze gab es in vielen Städten des Römischen Reiches, doch in dieser Vollständigkeit ist einzig die Reiterstatue Marc Aurels erhalten geblieben. In Reiterstandbildern ließen sich Herrscher zweifach erhöht darstellen: Zum einen durch das Pferd, auf dessen Rücken sie sitzen und das sie beherrschen, zum anderen durch den Sockel, auf dem das Pferd in der Regel steht.

Auf die antiken kaiserlichen Reiterstatuen Roms gehen zahlreiche Gemälde mit Herrscherporträts zu Pferd, die historische Situationen darstellen, zurück. Diese Gemäldegattung

Napoleon auf dem
Gemälde von Jacques-
Louis David –
Napoleons Hand hält
die nicht angezogenen
Zügel des Schimmels,
dessen Augen, Nüs-
tern und Mund wild
aufgerissen sind.

begründete der Maler Tizian mit seinem 1548 entstandenen
Bild »Kaiser Karl V. nach der Schlacht von Mühlberg«.

Interessant ist auch das Gemälde »Bonaparte beim Überschreiten der Alpen am Großen Sankt Bernhard« des französi-
schen Historienmalers Jaques-Louis David aus dem Jahr 1800.
Bei diesem Bild stand die propagandistische Wirkung des
Kunstwerkes im Vordergrund. Napoleon überquerte die Alpen
nämlich in Wahrheit bei Nacht – auf einem Maultier. Für die
Symbolkraft dieses Bildes, das in fünf Versionen existiert und
das als eines der bekanntesten Napoleon-Gemälde gilt, spielte
das keine Rolle. Eigentlich wollte David den Feldherrn mit einem gezückten Säbel malen. Doch dieser meinte: »Nein, mein
lieber David, Schlachten gewinnt man nicht mit dem Schwert.
Ich möchte ruhig auf einem feurigen Pferd gemalt werden.«[8]

[8] Zitiert nach Ulrich
Raulff: Das letzte Jahr-
hundert der Pferde.
S. 256

In Büchern und Filmen

Auch in der Literatur sowie im Film spielten (und spielen) Pferde eine bedeutende Rolle. Dort begegnet uns **das Pferd als Motiv, als Symbol oder auch als mythologische Figur.**

Es schlug mein Herz, geschwind zu Pferde!
Es war getan fast eh gedacht.
Der Abend wiegte schon die Erde,
Und an den Bergen hing die Nacht.

So beginnt das Gedicht »Willkommen und Abschied« von Johann Wolfgang von Goethe aus dem Jahr 1771. Der Sprachrhythmus – der vierhebige Jambus mit seinen abwechselnden Kadenzen – in den beiden ersten Strophen imitiert gekonnt den dahin stürmenden Schlag der Hufe beim Ritt durch die Nacht. Sicher nicht zufällig ist die Fahrt zum Liebesabenteuer an den treuen und verlässlichen Begleiter des Menschen, das Pferd, gebunden.

Und noch ein Beispiel aus unzähligen, die ebenfalls genannt werden könnten: Heute eher bekannt über die zahlreichen Verfilmungen, war »Black Beauty« zunächst ein Roman. Veröffentlicht wurde er 1877 von Anna Sewell. Äußerst ungewöhnlich: Der Roman ist aus Sicht des schwarzen Hengstes Black Beauty erzählt. Anna Sewell war seit dem 14. Lebensjahr stark gehbehindert und auf den Transport via Pferd angewiesen. Im Roman kritisierte sie nicht nur die Fehler in der Tierhaltung und die Ausnutzung der Kutschpferde, sondern auch die ungünstigen Lebensumstände vieler Menschen ihrer Zeit. Ihr Ziel, etwas zu ändern, erreichte sie nicht unmittelbar, doch im 20. Jahrhundert wurde ihr Roman zu einem der bekanntesten Jugendbücher.

»Pferde werden und wurden in der Symbolsprache vielfach eingesetzt, doch ihre praktische Funktion haben sie nie verloren.«

Doch wir können zeitlich noch weiter zurück gehen: Unter anderem in der germanischen Mythologie findet sich der Sonnenwagen, der die Fahrt der Sonne verbildlichen soll. Der Wagen wird von der Sonnengöttin Sol gesteuert und von zwei Pferden gezogen. In der griechischen Mythologie wird dieser Wagen von vier Feuerrössern bewegt, im Hinduismus sind es sieben Pferde, die für die sieben Tage der Woche stehen.

Als Gegenpart zur lebensspendenden Symbolik der Sonnenwagen wurde das Pferd immer wieder auch als der Begleiter vom Reich der Lebenden in das Reich des Todes angesehen. Die Unterscheidung zwischen beiden Extremen lag meist in der Farbe des »zuständigen« Pferdes: die (weißen) Schimmel waren für das Leben zuständig, die (schwarzen) Rappen für den Tod. Neben Leben und Tod steht das Pferd aber auch für Freiheit und Unterordnung, für Wildheit und Zähmbarkeit oder für triebhaftes Handeln und Intellekt.

»In den Symbolsprachen, die sich der Mensch geschaffen hatte, in seinen Mythen und Märchen, seinen philosophischen Sinnbildern war das Pferd ein Akteur ersten Ranges gewesen. Aber anders als Löwe und Adler, die heraldischen Tiere, anders als Schlange, Eule, Pelikan und die mythologischen Wesen, anders auch als die Räuber und Parasiten wie Wolf, Maus und Ratte, die Staaten bauende Ameise und der in der Tiefe wühlende Maulwurf hatte das Pferd als symbolisches Wesen nie seine praktische Funktion verloren. Auch als Bedeutungsträger war es immer der Menschenträger geblieben, das Nutztier, der Beweger – und umgekehrt«, so Ulrich Raulff.[9]

[8] *Raulff: Das letzte Jahrhundert der Pferde. S. 249*

Gut zu wissen

Mein Ziel ist es, Menschen in ihrer Entwicklung und auf ihrem persönlichen und beruflichen Weg zu begleiten – mit der Unterstützung von Pferden. Kein Pferd gleicht dem anderen, doch sie sind bereit, sich immer wieder aufs Neue mit uns Menschen einzulassen.

Ich wollte auf jeden Fall »irgendwas mit Pferden« machen – das stand schon früh fest.

Endlich: Im Alter von sechs Jahren durfte ich regelmäßig in die Voltigierstunde.

Wie ich ein Pferdemensch wurde

Seit ich denken kann, haben mich Pferde fasziniert. An jedem Koppelzaun mussten meine Eltern anhalten, in den Ferien war mein Wunsch stets, irgendwo reiten zu können. Herausfordernd für Eltern, die so gar nichts mit diesen Tieren zu tun hatten. Wenn ich als Kind gefragt wurde, was ich später beruflich machen möchte, dann lautete die Antwort in der Regel: »Irgendwas mit Pferden!«

Nun ist diese Antwort nicht ungewöhnlich für pferdebegeisterte Mädchen. Doch die Wenigsten machen aus ihrem

Traum ihr Leben. Und auch bei mir war und ist der Weg immer wieder von Umwegen begleitet.

Doch zurück zum Anfang

Als ich sechs Jahre alt war, wurde aus gelegentlichem Ponyreiten endlich der wöchentliche Weg in die Voltigierstunde. Hier machte ich die ersten ernsthaften Erfahrungen mit einem Pferd und lernte die grundlegenden Dinge im Umgang mit dem – damals als wunderbar und riesenhaft zugleich empfundenen – Tier. Ab diesem Zeitpunkt kam ich endgültig nicht mehr vom »Pferdevirus« los (nicht immer zur Freude meiner Eltern). Als in fahrraderreichbarer Nähe zu unserem Wohnort eine Isländer-Reitschule aufmachte, war ich in jeder freien Minute dort. Immer wieder lag ich meinen Eltern mit dem Wunsch nach einem eigenen Pferd in den Ohren. Tatsächlich ließ sich mein Stiefvater irgendwann auf eine mutige Wette ein: Wenn ich ein Jahr lang beweisen würde, dass ich mich bei Wind und Wetter um ein Pferd kümmern würde, hätte ich seine Unterstützung. Ob er sich zu diesem Zeitpunkt der Tragweite seiner Aussage bewusst war, wage ich zu bezweifeln. Für mich, die damals 11-Jährige, waren die nächsten Schritte glasklar: Ich machte mich auf die Suche nach einer Reitbeteiligung. Ein Jahr später stand ich vor meinem Stiefvater und verlangte die Einlösung seiner Wettschuld.

So hielt mein erstes eigenes Pferd Einzug in unsere Familie: Es war ein Isländer mit dem Namen *Randver*. Unterstützt wurden wir von meiner Reitlehrerin, die sowohl ihr Pferdewissen als auch ihre Energie und Zeit investierte, um mir und meiner pferdeunerfahrenen Familie zur Seite zu stehen. Von Beginn an war klar, dass ich fortan sehr viel Verantwortung übernehmen musste. Zwar hatte ich jederzeit die Unterstützung meiner Eltern, aber Randver war ganz klar *mein* Pferd

»Ein Pferd ändert manchen Plan.«

und damit war *ich* für seine Versorgung zuständig. Um einen Teil der monatlichen Kosten zu erwirtschaften, fing ich als Jugendliche an, Kinderreiten anzubieten. Der erste Schritt auf meinem beruflichen Weg mit Pferden war gemacht.

Aus meinem Pferde-Team
Steckbrief Randver (isländisch: der Seekönig):
geboren im August 1990 in Belgien, gestorben im August 2023

Aus Leidenschaft wird Profession

Die weiteren Schritte in Richtung Pferdeberuf ging ich, indem ich mich parallel zum Abitur zu einem Fernstudium Tierverhaltensberatung an der »Akademie für Tiernaturheilkunde« (ATN) anmeldete. Die Idee: Ich wollte Menschen helfen, deren Pferd ein »schwieriges« Verhalten zeigte. Parallel startete ich bei der Vereinigung der Freizeitreiter und -fahrer in Deutschland e.V. (VFD) eine Ausbildung zur Übungsleiterin Basisreitausbildung, um die Menschen, ergänzend zur psychischen, auch auf der körperlichen Ebene bei der pferdegerechten Arbeit mit ihrem Pferd unterstützen zu können.

Schnell stellte ich fest, dass die Schwierigkeiten, die sich im Verhalten der Pferde zeigten, in der Regel im Verhalten der Menschen begründet waren. Beispielsweise weil sie aus Unwissenheit falsch handelten, oder weil sie sich inkonsequent oder inkongruent verhielten.

Der nächste Schritt lag nahe: Ich wollte mehr darüber erfahren, wie ich Menschen in ihrer Entwicklung helfen konnte. Also entschied ich mich für ein Pädagogik-Studium mit dem Schwerpunkt Erwachsenenbildung.

Fünf Jahre später hatten sich meine Pläne etwas geändert und das hatte nicht zuletzt auch wieder mit einem Pferd zu tun: 2007 – eigentlich war ich für meinen Kinderreitunterricht auf der Suche nach einem zweiten Verlasspony – stand plötzlich bei einem Besichtigungstermin *Lonny* vor mir. Zusammen mit seiner Besitzerin, die mit ihrem kleinen Kind und dem nicht ganz einfachen Pferd etwas überfordert war.

Nachdem mir Lonny vorgestellt worden war und wir eine halbe Stunde geprüft hatten, ob wir »miteinander können«, war die Entscheidung auf beiden Seiten gefallen. Auch wenn dieses Pferd so gar nicht dem entsprach, was ich eigentlich gesucht hatte, zog es bei mir ein.

In seinem Verhalten zeigten sich zu diesem Zeitpunkt verschiedene Auffälligkeiten, von denen ich nur vermuten kann, dass sie von seinen Erfahrungen im Sport sowie von nicht artgerechter Haltung herrührten.

Aus meinem Pferde-Team

Steckbrief Lonny (eigentlich Biatlon): geboren im März 1990 in Russland, ehemaliges Rennpferd, von Russland nach Deutschland gekommen, hier als Springpferd eingesetzt, nach einer schweren Hüftverletzung aus dem Sport ausgemustert und zum Freizeitpferd geworden, ab 2007 bei mir, gestorben im April 2020

Gemeinsame Entwicklung

Nun hatte ich also ein Pferd, das nicht dem entsprach, was ich eigentlich gesucht hatte. Das setzte einen Entwicklungsprozess auf beiden Seiten in Gang.

Ich hatte zu diesem Zeitpunkt bereits mein Studium der Tierverhaltensberatung abgeschlossen und zumindest eine theoretische Idee davon, was ich tun konnte, um Lonny dabei zu unterstützen, mehr und mehr zur Ruhe zu kommen und ein pferdegerechtes Leben zu führen.

Im Lauf der Zeit wurde aus einem hauptsächlich allein, maximal zu zweit stehenden und hyperaktiven Pferd ein herdenverträgliches Tier, das zwar immer noch einen ordentlichen Energieüberschuss hatte, aber sich gleichzeitig als äußerst feinfühliger und empathischer Partner für Menschen und ihre persönlichen Themen und Entwicklungsprozesse entpuppte.

Zu Beginn unseres gemeinsamen Weges stand auch ich selbst ganz am Anfang des meinen. Ich war mitten in meinem Studium der Diplompädagogik und verdiente mir einen Teil meines Geldes damit, dass ich Kindern Reitunterricht gab. Lonny konnte ich für diese Arbeit nicht einsetzen und so begann ich, auch beeinflusst durch mein Studium, mich mit dem möglichen Einfluss der Pferde auf die persönliche Entwicklung von Menschen zu beschäftigen.

Mein ursprünglicher Plan Pferdebesitzern, die ein Problem mit ihrem Pferd haben, zu helfen, wandelte sich in die Idee, **Menschen auf ihrem persönlichen und beruflichen Weg durch die Unterstützung von Pferden zu begleiten.**

Mit Lonny – sowie mit meiner 2007 hinzugekommenen Hannoveraner-Stute *Malenka* und mit Randver – hatte ich für dieses Vorhaben die passenden Partner an meiner Seite. So begann ich gegen Ende des Pädagogikstudiums damit, die ersten praktischen Schritte im Bereich des pferdegestützten Coachings zu gehen. Es folgte die Diplomarbeit zum Thema *»Pferdegestützte Erwachsenenbildung«*.

Der Grundstein für mein heutiges berufliches Handeln war gelegt. Natürlich gab und gibt es in meiner Pferdeherde immer wieder Veränderungen. Mein Isländer Randver lebte die letzten zehn Jahre seines Lebens auf einer weitläufigen Koppel im Schwarzwald und genoss seinen Ruhestand. Er verstarb im Sommer 2023, einen Tag nach seinem 33. Geburtstag. Seit Lonnys Tod im Jahr 2020 hat sich meine kleine Pferde-

Aus meinem Pferde-Team

Steckbrief Malenka: Hannoveraner-Stute, geboren 1999 in Deutschland, seit 2007 bei mir

Steckbrief Loki: Appaloosa-Wallach, geboren 2016 in Frankreich, seit 2020 bei mir

Aus meinem Pferde-Team

Steckbrief Olivia: Welsh-B-Stute, geboren 2015 in den Niederlanden, seit 2021 bei mir

Steckbrief Winny: Bayerisches Warmblut, geboren 2003, seit 2022 bei mir

*»Die Arbeit mit Pferden:
einzigartig und immer wieder
neu.«*

herde um drei neue Mitglieder – *Loki, Olivia* und *Winny* – vergrößert. Malenka arbeitet aufgrund ihres Alters nur noch teilweise im Coaching mit.

Was mich an der Arbeit mit Menschen und Pferden besonders fasziniert

Mein Leben und Arbeiten mit Menschen und Pferden ist ausgesprochen vielfältig. Kein Tag gleicht dem anderen, denn jeder Mensch, den ich begleite, hat seine eigenen Ideen, den eigenen Weg hinter und vor allem vor sich und benötigt eine ganz individuelle Begleitung. Dabei spielt es keine Rolle, ob dieser Mensch als Unternehmer oder Führungskraft zu mir ins Coaching kommt, eine Ausbildung zum pferdegestützten Coach bei mir absolviert, oder ob dieser einfach ein »Pferdemensch« ist, der seinen eigenen Umgang mit den Pferden verbessern möchte.

Genauso ist es mit den Pferden – mit meinem eigenen Pferde-Team, aber auch mit den Pferden meiner Kunden, mit denen ich in Kontakt komme. Jedes Pferd ist ein Individuum, das macht die Arbeit mit ihnen so spannend. Und doch haben Pferde einiges gemeinsam. Sie vereinen für mich Ruhe und Energie, sind bereit, sich immer wieder neu auf uns Menschen einzulassen und uns, obwohl sie uns zumindest körperlich haushoch überlegen sind, sogar zu folgen, sobald wir uns selbst zutrauen, diese Verantwortung zu übernehmen und sobald wir dies auch authentisch kommunizieren.

Doch bevor wir über das Miteinander von Mensch und Pferd sprechen, sollten wir zunächst betrachten, was Pferde auszeichnet, die »unter sich sind«. Nur wenn wir dies nachvollziehen können, können wir verstehen, warum es so einzigartig ist, dass diese Tiere mit uns zusammenarbeiten.

Das Pferd – unter sich und unter Menschen

Das Pferd – unter sich und unter Menschen

Gut zu wissen

Nur ein Pferd, dessen Grundbedürfnisse wir befriedigen, ist wirklich bereit,
sich auf Menschen einzulassen.

Pferde sind Grasfresser, die viel Platz
und das richtige Gelände benötigen.
In unserer modernen Gesellschaft ist
gerade dieser Aspekt oft schwierig zu
verwirklichen, doch Alternativen lassen
sich finden! Man muss nur bereit sein,
sie zu suchen.

Pferde sind Fluchttiere – diesen Instinkt müssen wir sehr ernst nehmen.
Wir Menschen wissen, dass den Pferden
in unseren Ställen bzw. in unserer Gesellschaft wenig(er) Gefahren drohen
– aber wissen das auch die Pferde? In
einer gesunden Beziehung zwischen
Pferd und Mensch dürfen wir über
mögliche Unsicherheiten eines Partners
nicht hinweggehen.

Pferde brauchen uns nicht

Wenn wir uns mit der Beziehung zwischen Pferd und Mensch beschäftigen wollen und damit, welches Potenzial diese Beziehung für beide Seiten hat, dann kommen wir nicht umhin, uns zunächst einzeln mit den Beziehungspartnern – Pferd und Mensch – auseinanderzusetzen. Letztlich bringt jeder dieser Partner sein spezielles und einzigartiges »Sein« und »so-geworden-sein« in die Beziehung ein. Kümmern wir uns zunächst um die Pferde:

Pferde sind Herdentiere und damit per se Experten darin, gelingende Beziehungen zu leben. Daher können wir Menschen in diesem Zusammenhang einiges von ihnen lernen. Alles, was wir dazu tun müssen, ist genau hinzuschauen und vielleicht die eine oder andere Frage an uns selbst zu stellen (und ehrlich zu beantworten).

Was aber macht Pferde aus? Was unterscheidet sie beispielsweise von Hunden, die ebenfalls vom Menschen domestiziert wurden und seit vielen tausenden Jahren mit uns zusammenleben?

Der Hund schließt sich seiner menschlichen Familie wie einem Rudel an und baut (zumindest in unserer westeuropäischen Kultur) in der Regel eine enge Bindung zu den Menschen auf, mit denen er unter einem Dach wohnt. Pferde leben dagegen, zumindest wenn sie artgerecht gehalten werden, in der Gesellschaft mit Artgenossen. Ihre Sozialkontakte sind andere Pferde, sie sind in der Regel stärker aufeinander sowie auf die Herde, als auf »ihren« Menschen bezogen.

Das Pferd braucht uns nicht, um ein zufriedenes Leben zu führen. Ihm genügen ausreichend Platz, gutes Heu (oder mageres Gras) und die enge Beziehung zu Artgenossen.

Pferde sind Grasfresser

Als Pflanzenfresser sind Pferde an unterschiedliche Lebensräume angepasst. Aber egal, ob sie in der weiten Steppe oder in einer Berglandschaft leben, ihr Grundnahrungsmittel – Gras – finden sie überall. Da dieses zwar raufaserreich jedoch nicht sehr nährstoffhaltig ist, sind Pferdemägen daran angepasst, bis zu 16 Stunden am Tag permanent mit Nahrung versorgt zu werden. Pferde nehmen (während sie sich langsam fortbewegen) fast ununterbrochen kleinere Mengen an Gräsern, Moosen, Blättern, Zweigen und Rinde auf.

Wildpferde fressen das ganze Jahr über Gras und zusätzlich anderes pflanzliches Material, das je nach Lebensraum und Jahreszeit variiert. Da sich ihr Körper dabei permanent an die aktuell verfügbare Nahrung anpasst, leiden sie so gut wie nie unter den »Wohlstandskrankheiten« wie beispielsweise an Hufrehe oder am Equinen Metabolischen Syndrom (EMS).

Diese ursprüngliche Art zu leben und sich zu ernähren, bedeutet im Umkehrschluss zweierlei. Zum einen brauchen Pferde, um körperlich sowie seelisch gesund zu sein, beständig **die Möglichkeit, sich ruhig und entspannt zu bewegen.** Zum anderen benötigen sie rund um die Uhr (oder zumindest über den Tag verteilt immer wieder) **Zugang zu nährstoffarmem, aber raufaserreichem Futter.**

Der Grasfresser in der Obhut der Menschen

Für eine gesunde Beziehung zwischen Menschen und Pferden bedeutet das, dass nur ein Pferd, dessen Grundbedürfnisse befriedigt sind, wirklich bereit ist, sich auf den Menschen einzulassen und in unabhängiger Gemeinsamkeit mit ihm unterwegs zu sein.

»Viel Platz und das richtige Gelände stehen leider nicht überall zur Verfügung, wo Pferde gehalten werden. Doch es gibt Alternativen – unsere Aufgabe ist es, diese zu finden.«

Wie aber können Pferdehalter diesen Ansprüchen Rechnung tragen?

Um Pferde so artgerecht wie möglich zu halten, benötigt man vor allem viel Platz und das richtige Gelände. Als Faustregel kann man einen Hektar pro Pferd rechnen, auf dem neben magerem Gras auch Sträucher, Büsche und Bäume wachsen sollten. Wenn dann noch ein natürliches Gewässer dazu kommt, ist das perfekte Gelände für die Haltung einer Pferdeherde gefunden. Leider finden sich solche Grundstücke in vielen Gegenden unserer dichtbesiedelten Gesellschaft nicht oder kaum noch.

Also müssen wir einen Kompromiss suchen und dabei kreativ und lösungsorientiert das Wohl unserer Pferde im Blick behalten. **Die in meinen Augen beste Lösung bietet aktuell der sogenannte Bewegungsstall oder Paddocktrail.** Beide Systeme versuchen durch den Aufbau von längeren Laufwegen zwischen einzelnen Fressstationen sowie durch die möglichst vielseitige Gestaltung des Geländes und die Integration von Baumbestand und Sträuchern, auf verhältnismäßig wenig Platz einen Lebensraum für Pferde zu schaffen, der ihrem natürlichen Umfeld möglichst nahekommt.

Innerhalb dieser Haltungsform ist es zudem (wie in jeder anderen Haltung auch) wichtig, dass die Pferde in regelmäßigen Abständen immer wieder Zugang zu gutem Heu oder magerem Weidegras haben und dass sie ihren Speiseplan selbstständig um Rinde, Moos und Zweige ergänzen können (alternativ können die entsprechenden Inhaltsstoffe zugefüttert werden).

Randver und Malenka im Offenstall – Pferde fressen in ihrer natürlichen Umgebung etwa 16 Stunden täglich. Es ist unsere Aufgabe, ihnen in unserer Obhut ein zumindest ähnliches Fressverhalten zu ermöglichen.

Eine mögliche Variante zum Bewegungsstall oder Paddocktrail ist ein gut durchdachter Offenstall. Wenn ein Pferd aus gesundheitlichen Gründen nicht 24 Stunden am Tag in einer Gruppe gehalten werden kann, oder wenn es in der Gruppe nicht zur Ruhe kommt, mag es weitere Ausnahmen geben. Aber auch dann haben wir als Mensch die Verantwortung, unser Pferd bestmöglich zu halten, etwa durch eine Kombination aus Boxenhaltung (in großen Paddockboxen) in Verbindung mit einem täglich mehrere Stunden währenden Auslauf zusammen mit Artgenossen.

Pferde sind Fluchttiere

Da Pferde Grasfresser sind, gehören sie zu den Beutetieren. Als wild lebende Tiere werden ihnen in Europa und Asien vor allem Wölfe gefährlich. Daraus wiederum resultiert, dass Pferde Fluchttiere sind.

Als Fluchttier scannt ein Pferd permanent seine Umgebung und benötigt die Möglichkeit, sich bei drohender Gefahr entsprechend seinen Instinkten zu verhalten – auch wenn diese Gefahr nur in seinen eigenen Augen besteht.

»Den Instinkten entsprechend« bedeutet dabei nicht immer, dass das Pferd sofort die Flucht ergreift. Vielmehr kommt es in der Regel stark auf die Umgebung und die konkrete Situation an, ob ein Pferd mit Flucht (diese kann schon aus einem Satz zur Seite mit anschließendem Kontrollblick zum auslösenden Reiz bestehen) oder mit der genaueren Untersuchung des Reizes reagiert.

Ausschlaggebend sind hier in der Regel die Übersichtlichkeit der umgebenden Landschaft, die Reaktionen der anderen Herdenmitglieder, die bisherigen Erfahrungen des Pferdes sowie sein allgemeines Sicherheitsempfinden.

In der freien Wildbahn meiden Pferde in der Regel Stellen, die ihnen nicht »geheuer« sind oder sie stellen separate Wachposten auf, die während einer Passage oder während eines längeren Aufenthalts an einem Ort darauf achten, dass alles seine Ordnung hat.

Das Fluchttier in der Obhut der Menschen

Pferde, die unter menschlicher Obhut leben, sind deutlich weniger Gefahren ausgesetzt als ihre wilden Artgenossen. Das führt im Normalfall dazu, dass diese Pferde gelassener auf äußere, unbekannte Reize reagieren. Insbesondere dann, wenn wir aktiv daran arbeiten, sie an diverse Situationen zu gewöh-

Alle Sinne in eine Richtung und sich aufmerksam einer Sache zuwendend, aber (noch) besteht kein Grund zur Flucht: Mit erhobenem Kopf und nach vorne gerichteten Ohren fixiert Loki einen Reiz.

nen und sie damit gewissermaßen desensibilisieren. Doch deshalb ist der Fluchtinstinkt nicht weniger stark ausgeprägt oder gar ganz verschwunden. Hinzu kommt, dass zwar wir Menschen wissen, dass den Pferden in unseren Ställen wenig Gefahr droht, das heißt aber nicht, dass das auch unsere Pferde mitbekommen.

Im Gegenteil: Oft sind Ställe zwar aus Menschensicht übersichtlich und praktisch konzipiert, aus der Perspektive der Pferde sind es aber Orte mit vielen Engpässen und unübersichtlichen Stellen, die ein Gefahrenpotenzial darstellen. Im Normalfall gewöhnen sich Pferde mit der Zeit an diese Umstände. An bevorzugten Ruhe- und Schlafplätzen oder an eher

»Pferde sind und bleiben Flucht-
tiere und sie signalisieren uns
deutlich, wo sie sich sicher füh-
len.«

gemiedenen Stellen im Stall kann man aber weiterhin gut erkennen, inwieweit und wo sich die Pferde sicher fühlen.

Wenn wir mit einem Pferd in Beziehung gehen wollen, ist
es wichtig, seinen Fluchtinstinkt ernst zu nehmen. **Auch wenn**
wir selbst eine Situation als absolut ungefährlich einschät-
zen, so kann sie für das Pferd äußerst furchteinflößend sein.

Im Umgang mit dem Menschen und wenn das Pferd das
Gefühl einer sicheren Beziehung hat, kann es durchaus sein,
dass der Fluchtinstinkt und das permanente Bedürfnis des
Pferdes, seine Umgebung im Auge zu behalten, ebenso reduziert werden, wie es auch in einer Herdensituation mit gut ein-
sehbaren Rahmenbedingungen der Fall ist.

Über die Angst eines Pferdes hinwegzugehen, kann jedoch
gefährlich werden. Außerdem ist es für eine gesunde Beziehung nicht förderlich, wenn wir der Unsicherheit des einen
Beziehungspartners wenig oder keine Bedeutung geben. Vielmehr macht es Sinn und ist auch für unseren gemeinsamen
Weg mit dem Pferd hilfreich, wenn wir dem Pferd besonders
in Situationen, in denen es Angst hat, gut zuhören und es aktiv
dabei unterstützen, seine Angst zu überwinden und neugierig
auf neue Reize zuzugehen.

In der Regel sind Pferde, die in artgerechter Haltung leben
und vielen Umweltreizen ausgesetzt sind, insgesamt deutlich
entspannter beim Umgang mit neuen Situationen. Auch eine
stabile Herde unterstützt dabei, dem Pferd Sicherheit zu geben.

Gut zu wissen

Eine natürliche Pferdeherde strebt danach, in Balance und Harmonie zu leben. Dies ist entscheidend dafür, dass die Energie an der richtigen Stelle – nämlich genau dann, wenn es ums Überleben geht – eingesetzt werden kann. Wenn Menschen mehrere Pferde halten, entstehen ebenfalls Herden, die aber wenig mit natürlichen Verhältnissen zu tun haben. Dennoch finden wir auch hier Beziehungsstrukturen und nicht jedes Pferd können wir von heute auf morgen in jede Herde stellen. Ein pferdegerechtes Leben insgesamt ist aber die beste Voraussetzung für entspannte und funktionierende Menschen-Pferde-Herden.

Pferde sind Herdentiere

Als Herdentier ist es für Pferde überlebenswichtig, im direkten Kontakt zu Artgenossen zu stehen. Zu unterscheiden gilt es hier zwischen der »natürlichen« Pferdeherde, die vieles von dem Verhalten, das auch unsere heutigen Hauspferde noch zeigen, prägt und der Gruppe, die entsteht, wenn wir Pferde in einer menschengemachten Haltung »zusammenstellen«.

Die natürliche Herde

Eine natürliche Herde besteht in der Regel aus einem Althengst und einigen Stuten mitsamt Nachwuchs. Allerdings gibt es zahlreiche Varianten dieser Herdenstruktur und man kann nicht von »der Standardherde« sprechen. In einer Herde finden die verschiedensten Charaktere ihren Platz; die Unterschiedlichkeit und Vielfalt sind oft das, was letztlich zu einem harmonischen und ausgeglichenen Miteinander führt.

Das Beziehungsgefüge zwischen den einzelnen Pferden in einer natürlichen Herde ist deutlich komplexer und vielschichtiger, als lange angenommen wurde. Im Gegensatz zur lang vorherrschenden Lehrmeinung ist der Althengst einer solchen Herde nicht eifersüchtig darauf bedacht, alle potenziellen Rivalen schnellstmöglich aus der Herde zu verbannen. Vielmehr trainiert er seine männlichen Nachfahren oft und überträgt ihnen sogar Aufgaben bei der Führung der Herde.

Dennoch ist es der Althengst, der darüber entscheidet, ob ein einzelnes Tier die Herde verlassen muss. Er ist es auch, der Einladungen in seine Herde ausspricht. Ob das eingeladene Pferd dieser Einladung folgt, bleibt diesem allerdings selbst überlassen. Bei dieser Entscheidung spielt, laut Beobachtungen von Marc Lubetzki (Filmemacher und Buchautor[10]), vor allem eine Rolle, ob das entsprechende Pferd »in die Herde passt« bzw. ob der Althengst sich in der Lage sieht, eine ent-

[10] *Buchempfehlungen zu Marc Lubetzki im Quellen- und Literaturverzeichnis, S. 212*

sprechend große Herde zu führen und damit auch die Verantwortung für diese Herde tragen kann.

Je kleiner die Herde, umso konstanter ist ihre Zusammensetzung und umso früher verlassen in den meisten Fällen die jungen Pferde ihre Familiengruppe, um eine eigene Herde zu gründen. In größeren Herden verbleibt der Nachwuchs länger und übernimmt, unter Anleitung des Althengstes, durchaus auch Führungsaufgaben. Das kann so weit gehen, dass diese Nachwuchshengste selbst Stuten decken dürfen.

Insbesondere Junghengste, die die angestammte Herde verlassen, gründen oft – übergangsweise – Junggesellengruppen gemeinsam mit ihren Brüdern und Halbbrüdern. Dabei verbleiben sie mit hoher Wahrscheinlichkeit in der Nähe der angestammten Gruppe und unterstützen bei Bedarf teilweise nach wie vor den Althengst.

Ergänzend zum Althengst ist oft eine erfahrene Stute für die Führung der Herde zuständig. Sie verfügt über viel Lebenserfahrung und weiß, wie sie sichere Wege durch unsicheres Gelände findet. Diese Stute fordert ihren Führungsanspruch nicht aktiv ein. Die anderen Pferde entscheiden selbstständig, sich ihr anzuschließen, weil die Wahrscheinlichkeit, dass es sich lohnt, ihr zu folgen, sehr groß ist. Es kann auch vorkommen, dass es innerhalb einer Herde mehrere Pferde gibt, die sich diese Aufgabe teilen. So entscheidet beispielsweise nicht ein einzelnes Pferd darüber, ob sich die Herde zu neuen Weidegründen aufmacht.

Eine Besonderheit: Der Herdenverband

Mehrere Familienverbände agieren immer wieder auch gemeinsam und die Althengste dieser Familienverbände kommunizieren untereinander. Sie sind nicht selten miteinander verwandt und schließen teilweise regelrecht Freundschaft.

Wenn sich eine Pferdeherde in Bewegung setzt, dann bewegt sich in der Regel eine der souveränen Altstuten an die Spitze. Der Rest der Herde folgt ohne feste Reihenfolge. Der Althengst bewegt sich am Schluss und sichert die Herde nach hinten ab.

Häufig kommt es vor, dass sich mehrere Herden zu einem Herdenverband zusammenschließen. Das Überleben in der größeren Gemeinschaft ist einfacher und vor allem sicherer als das in einer kleinen Herde, denn Angriffe können gemeinsam abgewehrt werden. Zu einem solchen Herdenverband können auch Junggesellengruppen gehören, die andere Herdenhengste bei Bedarf unterstützen.

In diesen Herdenverbänden kann man, im Gegensatz zur einzelnen Herde, tatsächlich eine klare Rangfolge zwischen den einzelnen Hengsten beobachten. Diese Rangfolge überträgt sich jeweils auf die zum Hengst gehörende Herde.

Diese Rangfolge entscheidet im Fall der Fälle darüber, welche Herde im Verband welche Position einnimmt, welche Hengste an welcher Stelle die Verteidigung übernehmen oder die Flucht koordinieren.

Hierarchie oder Beziehung? Aufgabenverteilung in der Herde

Für die Pferdeherde ist die innere Harmonie entscheidend dafür, dass die Energie an der richtigen Stelle, nämlich dann, wenn es ums Überleben geht, eingesetzt werden kann. Interne Kämpfe und Rangeleien sind daher in einer natürlichen Herde

>>*Eine natürliche Pferdeherde strebt nach Harmonie, nicht nach Hierarchie.*<<

eher die Seltenheit. Innerhalb einer Herde sind die Hengste eher für die Harmonie und Herdenzusammenstellung zuständig, während die Stuten sich stärker um den Nachwuchs und die Frage von Nähe und Distanz zueinander kümmern.

Zwar haben Althengst und erfahrene Stuten in der Herde eine Sonderstellung, diese ist aber eher durch ihre Persönlichkeit und Präsenz sowie durch die Beziehung, die sie zu den anderen Pferden pflegen, geprägt und nicht von Ranggebaren oder hierarchischer Stellung.

Rollenverteilung und »Ordnung« in einer Herde beruhen daher eher auf Persönlichkeit und Sympathie der einzelnen Pferde untereinander. Der lange Zeit übliche Blick auf eine Herde, die eine stark hierarchisch geprägte Struktur hat, kommt vermutlich dadurch, dass wir Menschen unsere Interpretation und unser Weltbild auf das Zusammenleben der Pferde übertragen haben.

Gleichzeitig Individuum und Teil der Herde

Ähnlich wie wir Menschen haben auch Pferde ihre ganz eigene Persönlichkeit. Das bedeutet auch, dass sie individuelle Bedürfnisse haben, zum Beispiel nach Ruhe, nach Kontakt, nach Bewegung ...

Im Herdengefüge befinden sich die Pferde idealerweise in einer guten Balance zwischen sozialem eingebunden sein und individuellem Raum. Das individuelle Bedürfnis nach Nähe und Distanz variiert dabei auch in Abhängigkeit von der jeweiligen Situation. So fressen Pferde meist eher weit auseinander und ruhen und wandern dagegen nah beisammen. Für den harmonischen Zusammenhalt in der Herde ist es wichtig, dass die Pferde untereinander auf diese Bedürfnisse achten. Dies gelingt über eine entsprechend fein austarierte Kommunikation auf der Basis von feinsten Körpersignalen, Berührungen, Gerüchen sowie auf Basis ihres Energielevels. Auf diesem Weg gelingt es einer gewachsenen Pferdeherde, ein Miteinander in Balance und Harmonie zu führen, bei dem jedes Pferd in der Regel seinen eigenen Bedürfnissen entsprechend in individueller Nähe und Distanz zu den anderen sowie im Wechsel zwischen verschiedenen Aktivitäten und Ruhephasen lebt. Denn jedes einzelne Pferd ist gleichzeitig ein Individuum und ein Teil der Herde.

In dieser Gruppe aus Individuen existiert eine Vielzahl an gemeinsamen Aktivitäten, die die Beziehungen der einzelnen Pferde untereinander stärken und zum Ausdruck bringen. Natürlich gibt es im Rahmen dieser Aktivitäten Vorlieben der einzelnen Pferde und vor allem bevorzugte Sozialpartner.

Typische Aktivitäten sind:

Gemeinsam Ruhen: Pferde haben oft bevorzugte Nachbarn, wenn es darum geht, zu ruhen oder zu schlafen. Hier zeigt sich sehr deutlich, mit wem sich die einzelnen Pferde wohl und sicher fühlen und es zeigt sich die Sympathie der Pferde untereinander.

Gegenseitige Fellpflege: Auch bei der Fellpflege haben Pferde oft bevorzugte Partner. Wer mit der Fellpflege beginnt oder sie beendet, ist unabhängig von der Position in der Herde, sondern abhängig vom individuellen Bedürfnis.

Miteinander spielen: In einer Pferdeherde spielen vor allem die Jungtiere und die männlichen Herdenmitglieder miteinander. Neben dem sozialen Aspekt des Spiels ist hierbei auch der Trainingseffekt wichtig. Junghengste trainieren durch das Spiel den Ernstfall. Sie werden vom Althengst fit gehalten oder halten sich untereinander fit.

All diese Aktivitäten schweißen die Pferdeherde zusammen und auch wir Menschen können mit Hilfe dieser und ähnlicher Aktivtäten die Beziehung zu unserem Pferd aufbauen und intensivieren.

Das Herdentier in der Obhut der Menschen

Die Pferde, mit denen wir in unserem Alltag zu tun haben, leben unter anderen Umständen. Ihre »Herden« bestehen in der Regel aus den von uns Menschen – nach unseren Vorlieben und Bedürfnissen – zusammengestellten Gruppen. Wir fügen, nach Belieben, teilweise sogar recht willkürlich, neue Mitglieder zu dieser Gruppe hinzu oder nehmen andere heraus. Dass das eine Wirkung auf die gesamte Gruppenstruktur und auf das Wohlbefinden der einzelnen Tiere hat, wird dabei gerne übersehen.

Die Zusammensetzung variiert dabei von gemischten Gruppen aus Wallachen und Stuten bis hin zu gleichgeschlechtlichen Stuten-, Hengst- oder Wallachgruppen. Das, was entsteht hat allerdings nur noch wenig mit einer natürlich gewachsenen Herde zu tun. Marc Lubetzki nimmt sogar an, dass das, was da entsteht – zumindest in den meisten Fällen – für die Pferde gar keine Herde ist, sondern bestenfalls mehrere kleine Herden, die in einer Art künstlichem Herdenverband zusammenleben. Meistens ist dafür jedoch der zur Verfügung stehende Platz viel zu klein. So lassen sich auch die von Pferdebesitzern oft beobachteten Rangeleien und Rangkämpfe erklären, die für eine echte Pferdeherde eher untypisch sind. Dennoch können sich aber auch in diesen Gruppen Beziehungsstrukturen entwickeln, wie sie in natürlichen Herden auftreten.

Mit ausreichend Platz und der Möglichkeit, sich auch aus dem Weg zu gehen, können Pferde auch in der Obhut von Menschen gut in Gruppen gehalten werden. Auch wenn wir nicht immer wissen, ob die von uns zusammengestellten Pferde wirklich zusammenpassen, kann sich auf diesem Weg durchaus so etwas Ähnliches wie eine Herde entwickeln.

[11] *Buchempfehlungen zu Sadko G. Solinski im Quellen- und Literaturverzeichnis, S. 212*

Sadko G. Solinski, der sich lange mit der Beobachtung von Herden unter menschlicher Hand beschäftigt hat[11], beschreibt darüber hinaus, dass die Position des Althengstes fast ausschließlich von Wallachen (oder Hengsten) übernommen wird, während die Position der souveränen Stute nicht so geschlechterspezifisch ist. Das deckt sich mit der Beobachtung von wilden Herden, in denen sich mehrere Pferde diese Position teilen und die Herde oft situativ entscheidet, welchem Pferd sie nun tatsächlich folgt.

Aus meinem Pferde-Team

Lonny konnte, bevor er zu mir kam, entweder gemeinsam mit Stuten auf einer Weide stehen oder gemeinsam mit anderen Wallachen. Gemischte Gruppen waren nicht zu realisieren: Immer, wenn ein Wallach einer »seiner« Stuten zu nah kam, gab es Stress. Vor allem für Lonny! Der war ab diesem Zeitpunkt die ganze Zeit damit beschäftigt, Stuten und Wallache voneinander fernzuhalten.

Die Konsequenz dieses Verhaltens war, dass er in einer großen Paddockbox gehalten wurde und tagsüber mit einem anderen Wallach auf die Weide kam. Auf den ersten Blick kein so schlechtes Pferdeleben – Gesellschaft, keine kleine dunkle Box. Auf den zweiten Blick für ein Pferd wie Lonny trotzdem völlig inadäquat. Als Bewegungstier stundenlang auf wenigen Quadratmetern eingesperrt zu sein, führt zu permanenter Unruhe und Stress. Insbesondere bei Pferden mit einem hohen Bewegungsdrang, wie es bei Lonny der Fall war. Ausgeglichenes Verhalten kann so kaum entstehen.

Für mich kam diese Haltung für den Neuzugang nicht in Frage. Zunächst stellte ich Lonny zusammen mit meinem Isländer Randver in einen Offenstall – Zaun an Zaun mit meiner Stute Malenka sowie einer weiteren Stute. In dieser Situation stellte sich relativ schnell eine erste Entspannung ein.

Da Randver sich für die Stuten grundsätzlich nicht interessierte, ging ich das Risiko ein und stellte meine drei Pferde – Randver, Malenka und Lonny – nach einer Weile gemeinsam in einen kleinen Offenstall. Rasch war klar, dass es in dieser Dreierkonstellation keine Schwierigkeiten geben würde. Lonny blühte auf, da er nun dauerhaft in einer Herde leben konnte und gleichzeitig eine Stute gefunden hatte, die ihm bis ans Ende seiner Tage nicht mehr von der Seite wich.

Ab diesem Zeitpunkt gab es verschiedene Herdenkonstellationen: Mal nur mit Stuten, mal in gemischten Gruppen. Bei Neuzu-

gängen hatte Lonny nach wie vor Stress, vor allem dann, wenn es darum ging, seine Stute Malenka in Schutz zu nehmen. Aber ich hatte nie wieder das Problem, dass ich ihn aus einer gemischten Herde herausnehmen musste, weil er sich nicht beruhigen konnte. Sobald die Situation geklärt war und alle seine enge Verbindung zu Malenka respektierten, entspannte er sich.

Ich möchte anhand des Beispiels von Lonny nicht sagen, dass man jedes Pferd von heute auf morgen in jede Herde stellen kann. Im Gegenteil, ich habe auch schon Konstellationen erlebt, die überhaupt nicht funktioniert haben. Wir Menschen können mit unserem Eingriff in die natürliche Zusammensetzung einer Herde eben auch mal danebenliegen.

Ich bin aber überzeugt davon, dass ein Mensch, der es mit dem Wohl seines Pferdes ernst meint, einen Weg findet, genau diesem Pferd ein möglichst pferdegerechtes Leben zu ermöglichen. Genau dann, wenn ein Pferd ausreichend natürliche Bewegung, gesundes Futter und vor allem Kontakt zu Artgenossen hat, ist die Wahrscheinlichkeit am größten, dass es lernt, sich entspannt in eine Herde einzufügen. Das eine bedingt eindeutig das andere.

Gut zu wissen

Pferde sind Tiere mit ausgesprochen gut ausgeprägten Sinnen, die sich aufgrund der Tatsache entwickelt haben, dass sie Fluchttiere sind: Die Position ihrer Augen ermöglicht ihnen eine Rundumsicht, sie hören sehr viel differenzierter als wir, nehmen Geruch auch über große Entfernungen wahr und spüren kleinste Berührungen am Körper. Dies immer im Hinterkopf zu behalten, erleichtert den täglichen Umgang mit Pferden.

Die Sinnesorgane eines Pferdes

Pferde nehmen Reize aus ihrer Umgebung über fünf Sinneskanäle wahr: Augen, Ohren, Maul, Nase sowie Haut inklusive Tasthaare. Auch wir Menschen haben diese fünf Sinneskanäle, doch im Gegensatz zu Pferden verlassen wir uns vor allem auf unseren Sehsinn. Um sich zu orientieren und mit der Umwelt zu interagieren, **verwenden Pferde dagegen alle Sinne in Kombination.** Auf diese Weise nehmen sie deutlich mehr Eindrücke aus ihrer Umgebung auf und erleben Situationen dadurch oft völlig anders als wir. Dies im Hinterkopf zu haben, erleichtert den täglichen Umgang mit unseren Vierbeinern.

Die Welt durch Pferdeaugen sehen

Auf visueller Ebene nehmen Pferde die Welt völlig anders wahr als Menschen. Durch die seitliche Position ihrer Augen am Kopf haben sie quasi eine Rundumsicht. Bis auf wenige Stellen – direkt vor und hinter ihrem Körper – sehen sie also ihre komplette Umgebung. Diese Rundumsicht ist für das Pferd als Fluchttier überlebensnotwendig. So hat es die Chance, herankommende Raubtiere aus allen Richtungen möglichst frühzeitig zu erkennen.

Allerdings ist durch diese Anordnung der Augen das räumliche Sehvermögen der Pferde stark eingeschränkt, da der Bereich, in dem sich das Sichtfeld beider Augen überlagert, verhältnismäßig klein ist. Um Entfernungen gut einschätzen und vor allem, um scharf sehen zu können, muss ein Pferd also den Kopf bewegen. Für uns erkennbar wird dies dann, wenn ein Pferd seinen Kopf besonders hochnimmt, um einen weiter entfernt liegenden Reiz deutlicher wahrzunehmen.

Die seitliche Anordnung der Augen am Kopf des Pferdes hat aber noch andere, für uns ungewohnte Auswirkungen auf ihre Wahrnehmung: Den größten Teil ihrer Umgebung neh-

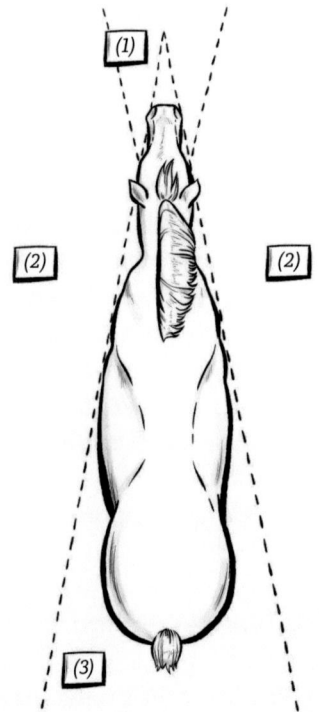

(1) Räumliches Sehen; (2) Diffuses Sehen; (3) Blinde Zone; Das Blickfeld des Pferdes umfasst beinahe 360 Grad, ausgenommen sind ein kleiner Bereich direkt vor dem Kopf (3) sowie der Bereich direkt hinter dem Pferd (3). Grund dafür ist die seitlich am Kopf befindliche Anordnung der Augen.

men Pferde nur mit jeweils einem Auge wahr. Im Gehirn werden diese Bilder getrennt voneinander verarbeitet. So kann es beispielsweise passieren, dass ein Pferd an einem seitlich liegenden Hindernis in die eine Richtung völlig problemlos vorbeigeht, während es aber von der anderen Seite kommend, das Hindernis als unüberwindbar wahrnimmt. Einfach deshalb, weil es dieses Hindernis – tatsächlich – zum ersten Mal sieht. Zumindest mit dem einen Auge.

Die visuelle Verarbeitung von Reizen ist bei Pferden vor allem auf das Sehen von Bewegungsreizen ausgerichtet. Auch das lässt sich aus der evolutionären Entwicklung der Equiden erklären, die sich optimal an eine Umgebung voller Fressfeinde angepasst haben.

Das Farbensehen der Pferde lässt sich mit dem eines Menschen vergleichen, der eine Rot-Grün-Schwäche hat. Das bedeutet, dass Pferde nicht in der Lage sind, die Farbe Rot zu

Die verhältnismäßig großen Ohren des Pferdes sind unabhängig voneinander frei drehbar. Die Aufmerksamkeit von Randver (rechts) ist klar nach vorne gerichtet, während Malenkas rechtes Ohr auf ein Geräusch seitlich der Tiere ausgerichtet ist, das linke lauscht nach vorne.

erkennen. Allerdings nehmen sie Grün und die beiden Grundfarben Gelb und Blau sehr gut wahr. Die Dämmerungssicht von Pferden ist der von uns Menschen deutlich überlegen, allerdings benötigen ihre Augen mehr Zeit als unsere, um sich an einen schnellen Wechsel von Hell und Dunkel zu gewöhnen.

Mit den Ohren eines Pferdes

Akustische Signale nehmen Pferde deutlich besser und differenzierter wahr als Menschen. Allein durch die Größe der Ohren aber auch durch ihre freie und unabhängig voneinander

»Menschen verlassen sich vor allem auf ihren Sehsinn – Pferden ist dies viel zu wenig.«

mögliche Beweglichkeit, können Pferde nicht nur besser hören, sie können auch den Ursprung des wahrgenommenen Geräusches deutlich besser lokalisieren als wir. Das Hörvermögen der Pferde reicht dabei bis in den Ultraschallbereich hinein.

Schmecken wie ein Pferd

Der Geschmackssinn des Pferdes ist ähnlich ausgeprägt wie bei uns Menschen. So können Pferde verschiedene Geschmacksrichtungen wie süß, sauer, salzig und bitter unterscheiden und nutzen ihren Geschmackssinn, um genießbares von ungenießbarem Futter zu unterscheiden. Pferde, die es von klein auf gewohnt sind, sich ihr Futter auf einer artenreichen Weide zusammenzusuchen, sind sogar in der Lage, giftige Pflanzen auszusortieren, selbst wenn sie sie schon im Maul haben. Allerdings können wir nicht davon ausgehen, dass unsere heutigen Hauspferde über diese Fähigkeit verfügen.

Mit der Nase der Pferde

Für Pferde ist der Geruch eine der wichtigsten Informationsmöglichkeiten, um Artgenossen, Beziehungspartner, Futterquellen aber auch Fressfeinde zu erkennen und einzuschätzen. Mit seinem gut ausgebildeten Geruchssinn ist das Pferd in der Lage, auch über weite Entfernungen Gerüche zuzuordnen und zu lokalisieren. Für ein Fluchttier ist dies ein wesentliches Überlebenskriterium.

Physiologisch wird diese ausgeprägte Riechfähigkeit durch die groß angelegten Nasenhöhlen mit ihren labyrinthartigen und mit Riechschleimhaut überzogenen Verzweigungen ermöglicht. Zusätzlich können Pferde mit Hilfe des sogenannten Jacobsonschen Organs, das sich am Gaumen befindet, quasi chemische Analysen von Duftmolekülen vornehmen. Dazu pressen sie beim Flehmen die Atemluft gegen dieses Organ.

Tasten auf Pferdeart

Durch Rezeptoren, die am ganzen Körper verteilt sind und die auf geringste Druckveränderungen reagieren, nehmen Pferde beinahe am ganzen Körper Berührungen und Luftbewegungen wahr. Diesbezüglich sind sie äußerst empfindlich und spüren zum Beispiel auch eine Mücke, die auf ihrem Rücken landet. Einige Regionen sind stärker von diesen Sinneszellen durchzogen als andere. Entsprechend reagieren die Pferde hier – zum Beispiel in der Gurtlage oder an den Flanken – empfindsamer.

Fürs aktive Tasten stehen Pferden spezielle lange abstehende Tasthaare an Maul, Nüstern und Augen zur Verfügung. Mit diesen gleicht ein Pferd souverän den blinden Bereich direkt vor dem Kopf aus und kann so die Beschaffenheit von Dingen ertasten, Abstände einschätzen und Hindernisse erkennen.

Gut zu wissen

Wir Menschen sollten die nonverbalen Kommunikationssignale unserer Pferde nicht nur verstehen, sondern sie auch lesen lernen. Denn nicht jedes Signal der Pferde drückt das aus, was wir meinen, herauszulesen. Bei der Deutung der Signale ist die Situation und das gesamte Tier zu berücksichtigen.

Pferde empfinden Emotionen – genau wie wir Menschen – und wir sollten ihnen diese zutrauen und sie ihnen vor allem auch zugestehen. Über Beobachtung lernen wir, welche Emotionen unser Vierbeiner empfindet.

Kommunikation bei Pferden

I m Gegensatz zu uns Menschen kommunizieren Pferde fast ausschließlich nonverbal. Gleichzeitig ist ihre Kommunikation äußerst fein und differenziert, denn nur so wird das Zusammenleben in der Herde ermöglicht.

Signale geben Pferde
> *mit ihrer Mimik*
> *mit ihrer Kopf- und Ohrhaltung*
> *mit den Bewegungen des Schweifs*
> *mit der gesamten Körperhaltung*

Aber auch Berührung untereinander, das Energielevel, in dem sie sich gerade befinden, oder der Geruch spielen bei der Kommunikation unter Pferden eine Rolle. In einigen Fällen wird diese Kommunikation noch durch Laute, wie etwa Wiehern, Quietschen oder Brummeln ergänzt. Diese Form der Kommunikation ermöglicht es Pferden, auch über weitere Entfernungen hinweg sehr leise zu kommunizieren, was wiederum ihrem Leben als Fluchttier entspricht. Die Aufmerksamkeit der Pferde untereinander ist dabei stets auf das Verhalten der anderen Herdenmitglieder gerichtet. So kommunizieren sie durchgehend und nebenbei während des gesamten Tages.

Nicht jedes Signal, das wir Menschen als eindeutig zu verstehen glauben, ist in der Pferdesprache so eindeutig. **Vielmehr ist es in der Regel das Zusammenspiel der gesamten Körperhaltung, der Energie und der Mimik, das den tatsächlichen Kommunikationsinhalt festlegt.**

Was angelegte Ohren signalisieren können

Was beispielsweise bedeutet es, wenn ein Pferd seine Ohren anlegt? Gerade dieses Signal wird von Menschen häufig

»Der Mensch und seine Sinne sind beschränkt – wir müssen unsere eigenen Interpretationen immer in Frage stellen.«

missverstanden und Pferde, die die Ohren anlegen, werden schnell als aggressiv abgestempelt. Dabei ist dieses Zeichen immer eingebettet in ein komplexes Kommunikationsgefüge und seine Bedeutung damit abhängig von der Situation und von zahlreichen anderen Signalen.

Grundsätzlich ist es richtig, dass angelegte Ohren ein Warnzeichen sein können, mit dem das Pferd signalisiert, dass es etwas nicht möchte. Dieses zu ignorieren kann zu weiteren und deutlicheren Zeichen, bis hin zum Beißen oder Ausschlagen führen. Dennoch ist das nur eine mögliche Bedeutung.

Zunächst einmal haben die Ohren des Pferdes die wichtige Aufgabe, die Umgebung wahrzunehmen. Pferde sind in der Lage, ihre Ohren in nahezu alle Richtungen zu drehen. Es kann also sein, dass Ohren, die nach hinten gerichtet sind, zunächst einfach bedeuten, dass das Pferd sein Gehör in diese Richtung konzentriert, weil es etwas wahrgenommen hat, was es mit dem Hörsinn genauer erfassen und einordnen möchte.

Auch wenn ein Pferd sich stark konzentriert, kann es vorkommen, dass die Ohren nach hinten gerichtet und gleichzeitig leicht an den Kopf angelegt sind. Beispielsweise, wenn der Kommunikationspartner sich neben oder sogar hinter (oder auf) dem Pferd befindet. In diesem Fall sind die Augen wach und aufmerksam, der gesamte Körper des Pferdes ist gespannt, aber nicht verspannt, der Kopf ist tendenziell eher erhoben, damit dem Pferd nichts entgeht.

Wenn die Ohren nach hinten genommen und gleichzeitig leicht seitlich geklappt sind, kann dies darauf hindeuten, dass das Pferd verwirrt ist und mit der Verarbeitung von Reizen gerade nicht hinterherkommt. Oft sind in dieser Situation zusätzlich die Augen nur halb geöffnet, das Pferd leckt sich die

Die Botschaft eines Pferdes nur anhand einzelner Körpersignale (hier zum Beispiel anhand der angelegten Ohren von Olivia – vorne im Bild) deuten zu wollen, ist oft schwierig. Wir müssen in der Regel die gesamte Körpersprache und auch die Energie des Pferdes berücksichtigen, um besser zu verstehen, was es uns sagen will. Hilfreich kann es außerdem sein, die jeweilige Situation, in der die Kommunikation stattfindet, zu berücksichtigen.

Lippe, das Maul ist insgesamt eher verspannt, der Kopf wird eher auf halber Höhe gehalten.

Im Spiel zeigen Pferde häufig schnell wechselnde Mimik und Körperhaltungen. Auch hier kann es immer wieder zu nach hinten gelegten Ohren kommen, ohne dass diese eine ernsthafte Warnung bedeuten.

Wenn die nach hinten gelegten Ohren tatsächlich eine Warnung sind, dann sind sie oft so dicht an den Kopf gepresst, dass man sie kaum mehr sehen kann. Die Maulpartie des Pferdes ist angespannt, der Kopf ist eher unruhig in Richtung des auslösenden Reizes gerichtet. Teilweise wird mit dem Kopf geschlagen und mit den Hufen aufgestampft. Der ganze Körper des Pferdes steht unter hoher Anspannung.

Es ist wichtig, bei der Deutung von Kommunikationssignalen des Pferdes immer die Situation und das ganze Tier zu berücksichtigen. Leider ist es für uns Menschen, mit unseren eingeschränkten Sinnen und unserem unverhältnismäßig starken Fokus auf verbale Äußerungen schwierig, die feine und differenzierte Kommunikation von Pferden eindeutig zu interpretieren.

Hilfreich ist es, unsere eigene Interpretation stets in Frage zu stellen, um auf eine immer feinere Verständigung hinzuarbeiten. Das setzt auch voraus, dass wir das Pferd, mit dem wir uns beschäftigen, wirklich kennenlernen, um so seine ganz eigene Art der Kommunikation wirklich lesen zu können.

Pferde und ihre Emotionen

Wenn wir über das Thema Emotionen reden, sollten wir nicht bei unseren eigenen Gefühlen halt machen, sondern auch die Gefühlswelt der Pferde in den Blick nehmen. **Dass Pferde Gefühle wie Zuneigung, Freude, Trauer und Wut empfinden können, ist wissenschaftlich belegt.** Unklar ist, ob sie sich ihrer Gefühle – so wie wir – bewusst sind. Dies ändert allerdings nichts an der Tatsache an sich, dass Pferde Emotionen haben. Für ein gelingendes Miteinander ist es entscheidend, dass wir Pferden diese Emotionen zutrauen und dass wir die Signale erkennen und verstehen.

Freude

Ähnlich wie bei Menschen geht Freude bei Pferden oft mit erhöhter Aktivität einher. Dabei bewegen sich die Pferde weich und fließend haben die Ohren gespitzt, sie tragen den Schweif locker, aber erhoben. Pferde, die einfach nur überschüssige Energie abbauen, bewegen sich hingegen in der Regel steifer und angespannter. Auch die Aufnahme von entspannten Sozialkontakten kann ein Anzeichen von Freude sein.

Trauer

Wenn wir davon ausgehen, dass Pferde Zuneigung empfinden, so liegt es nahe, dass sie auch trauern können. Die Forschung befindet sich hierzu allerdings noch am Anfang.

Viele Pferdebesitzer haben aber schon beobachtet, dass Pferde ein verstorbenes Pferd oder eines, das die Herde zeitweise verlassen hat, betrauern. Dabei sollten wir uns bewusst machen, dass Pferde den Unterschied zwischen abwesend und verstorben nicht kennen. Ein Pferd trauert um einen verreisten Freund genauso wie um einen verstorbenen. Auch bei Wildpferden hat Marc Lubetzki Trauer beobachtet. Etwa bei Stuten, die ein Fohlen verloren haben. Lubetzki hierzu: »Pferde durchlaufen ähnliche Phasen der Trauer wie Menschen. Zunächst müssen sie ihren Verlust realisieren. Das dauert meist 24 Stunden. Anschließend fallen sie für ungefähr eine Woche in eine starke Trauerphase. In dieser Zeit ist es nicht ungewöhnlich, dass sie kaum fressen.«[12]

[12] Lubetzki: Im Kreis der Herde. S. 145

Depression

Ja, auch Pferde können depressiv sein. Das zeigt sich vor allem darin, dass sie – ähnlich wie depressive Menschen – die Freude verlieren. Depressionen äußern sich bei Pferden häufig durch apathisches Herumstehen, Teilnahmslosigkeit und Desinteresse an der Umgebung. Sie wirken mitunter wie erstarrt und halten das Genick auf Höhe des Widerristes.[13]

[13] Siehe auch die Studie »Investigating anhedonia in a non-conventional species ...« (Weitere Infos im Anhang II in der Rubrik Links, S. 211)

Ärger und Wut

Das Gefühl von Wut oder Ärger konnte bei Pferden eindeutig nachgewiesen werden. Deutlich wird dies an schmalen und angespannten Nüstern, nach hinten gezogenen, festen Maulwinkeln sowie angelegten Ohren. Die Ausprägung dieser Signale variiert dabei je nach Stärkegrad der Emotion und wird gegebenenfalls durch sogenanntes Drohschwingen ergänzt, bei dem das Pferd den Kopf mit entsprechendem Drohgesicht in Richtung des auslösenden Reizes schwingt.

Derartige extreme Signale hat Marc Lubetzki bei wildlebenden Pferden eher seltener beobachtet. Er geht davon aus, dass in einer natürlich gewachsenen Herde deutlich weniger Anlass zu Wut und Ärger besteht als in einer von Menschenhand auf begrenztem Raum zusammengestellten Gruppe.

Ob Wut bei unseren Hauspferden auch dann auftritt, wenn ein Pferd sich in seiner feinen, für uns manchmal schwer wahrzunehmenden Kommunikation unverstanden fühlt, kann nur vermutet werden.

Was Pferde aber können, ist Menschen Wut vom Gesicht abzulesen! Um dies nachzuweisen, zeigten Wissenschaftler Pferden Fotos von Menschen mit freundlichem oder wütendem Gesichtsausdruck. Nach einigen Stunden begegnete das Pferd der auf dem Foto dargestellten Person in der Realität und zeigte dabei sehr unterschiedliche Reaktionen – je nachdem, ob die Person auf dem Foto einen freundlichen oder einen wütenden Gesichtsausdruck gezeigt hatte. Menschen, die zuvor als wütend wahrgenommen worden waren, wurden vermehrt mit dem linken Auge – verantwortlich für die Verarbeitung in der rechten Gehirnhälfte – angesehen. Hier verarbeiten Pferde (wie viele andere Tiere) Reize, die sie als potenziell gefährlich einstufen.[14]

[14] *Siehe auch die Studie »Animals Remember Previous Facial Expressions that Specific Humans Have Exhibited« (Weitere Infos im Anhang II in der Rubrik Links, S. 211)*

»Pferde erkennen unsere
menschlichen Emotionen.«

Angst

Für das Fluchttier Pferd ist Angst eine wichtige Emotion.
Diese sichert das Überleben. Der natürliche Instinkt der Pferde
ist es, ihrer Angst mit Bewegung (Flucht) Raum zu geben. Dabei flieht eine Herde immer gemeinsam – oft sogar im Herdenverband. Einem ersten, ungeordnet scheinenden Fluchtimpuls
folgt – so Marc Lubetzki – ein überraschend geordnetes Vorgehen. Und das sowohl innerhalb einer einzelnen Herde als auch
im Herdenverband. Dabei legen Pferde, die einmal im Flucht-
modus sind, gut und gerne 20 Kilometer oder mehr zurück.

Auch wenn unsere heutigen Pferde in relativer Sicherheit
leben, gibt es dennoch Situationen, die ihnen Angst einflößen.
Das Problem für unsere Hauspferde besteht allerdings oft darin, dass sie ihrem Fluchtinstinkt nicht ausreichend nachgeben
können. Sei es, weil sie in ihrem Stall nicht ausreichend Platz
haben, oder sei es, weil der Mensch sie aktiv (führend oder rei-
tend) in ihrer Bewegung einschränkt.

Zuneigung

Zuneigung äußert sich bei Pferden vor allem durch häufi-
ges Beieinander stehen ohne Drohgebärden. Es wird vermutet,
dass sich dabei – ähnlich wie bei Menschen, die sich mögen –
Herzfrequenz und/oder Atem angleichen.

Soziale Fellpflege deuten wir oft als offensichtliches Zeichen von Freundschaft. Doch dies ist wohl gar nicht so eindeutig: Soziale Fellpflege stärkt zwar einerseits eine Beziehung,
dient aber teilweise auch dem Stressabbau.

Gut zu wissen

Sich gemeinsam weiterzuentwickeln hat immer etwas damit zu tun, dass beide Seiten etwas lernen. Pferde haben in der Regel eine Aufmerksamkeitsspanne von rund 10 bis 15 Minuten. Neues lernen Pferde deshalb schneller und effektiver, wenn wir es immer mal wieder wiederholen. Das erfordert unsere Geduld und Kreativität. Wie wir Menschen lernen Pferde außerdem am besten, wenn sie entspannt sind und sich sicher fühlen.

Lernen bei Pferden

Wenn wir über eine partnerschaftliche Beziehung zum Pferd nachdenken, kommen wir nicht umhin, uns auch mit den Themen Lernen und Motivation zu beschäftigen – und zwar sowohl auf der menschlichen als auch auf der Seite der Pferde. Denn eine positive Gestaltung von Beziehung setzt immer voraus, dass beide Seiten bereit sind, sich weiterzuentwickeln und zu lernen.

Über die Lernfähigkeit

Die Lernfähigkeit von Pferden unterscheidet sich von Tier zu Tier – genauso wie die von Mensch zu Mensch. Es kann also keine allgemeingültige Aussage darüber getroffen werden, wie schnell und wie viel Pferde lernen können.

Allerdings gilt grundsätzlich, dass Pferde eine relativ kurze Aufmerksamkeitsspanne haben, wenn es darum geht, etwas Neues zu lernen. 10 bis 15 Minuten sind für sie in der Regel schon genug. Die Lernfähigkeit selbst – also auch die Zeitspanne, über die hinweg sich ein Pferd konzentrieren kann – kann grundsätzlich trainiert werden. Einfach, indem das Pferd immer wieder mit neuen Lerninhalten konfrontiert wird. Dennoch ist es wichtig, sich in Situationen, in denen das Pferd etwas Neues lernen soll, unbedingt an das Tempo des Pferdes anzupassen, um es nicht zu über- oder auch zu unterfordern.

Grundsätzlich gilt: Stress blockiert das Lernen – zumindest dann, wenn er zu stark ist. Das gilt sowohl für Pferde als auch für Menschen. Ziel sollte es also immer sein, für uns und für das Pferd eine Umgebung und Situation zu erschaffen, in der sich alle Beteiligten sicher und entspannt fühlen.

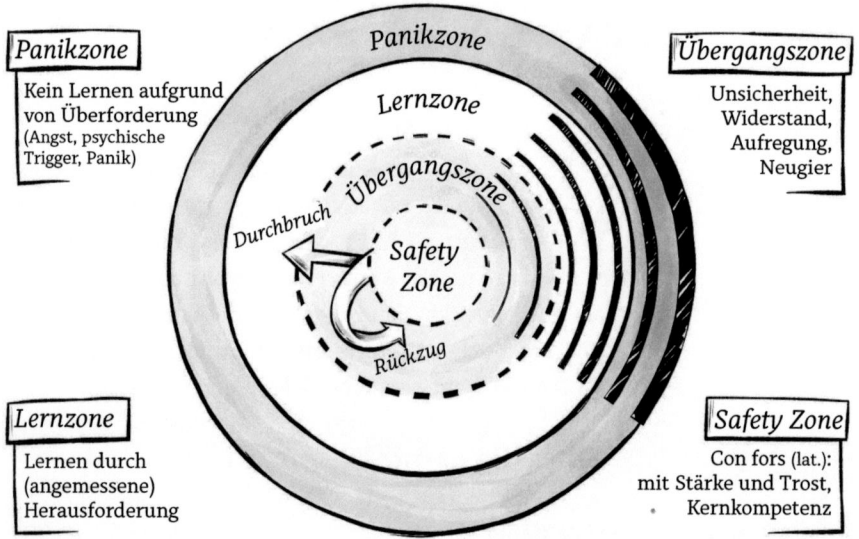

Damit Menschen und Pferde positiv und nachhaltig lernen können, ist eine gute Balance zwischen Sicherheit und Herausforderung wichtig. Das Lernzonenmodell von Luckner und Nadler gibt hier einen anschaulichen Überblick.

Das Lernzonenmodell – passend auch für Pferde

Das von Luckner und Nadler für menschliches Lernen entwickelte Lernzonenmodell lässt sich auch auf lernende Pferde übertragen.

Nach diesem Modell ist Lernen und Entwicklung nur dann möglich, wenn die eigene Sicherheitszone (auch Komfortzone genannt) verlassen wird. Der Übergang von der Sicherheits- zur sogenannten Lern- oder Wachstumszone ist geprägt von Neugierde, aber auch von Zweifeln, von innerem Widerstand und Unsicherheit. Überwinden wir diese Übergangszone erfolgt der Durchbruch in Richtung Lernzone. Aber auch der Rückzug ist möglich, etwa dann, wenn wir uns bei genauerer

*»Wenn Pferde etwas Neues lernen
sollen, müssen wir uns an ihre
Geschwindigkeit anpassen – nicht
umgekehrt.«*

Betrachtung entscheiden, dass Kosten und Nutzen nicht ausgewogen sind.

Je weiter wir uns in die Lernzone hineinbewegen und je
mehr wir uns von der Sicherheitszone entfernen, umso her-
ausfordernder ist die Lernsituation. Dabei entscheidet der
Grad der Herausforderung, ob es uns gelingt Lernerfahrungen
zu machen. Fühlen wir uns überfordert, landen wir in der Panikzone. In dieser Zone ist Lernen unmöglich. Typische Reaktionen sind Flucht, Kampf oder Erstarrung. Es kann keine
offene und wachstumsorientierte Auseinandersetzung mit der
Situation mehr stattfinden.

Was hat das Lernzonenmodell
mit Pferden zu tun?

Genauso wie wir Menschen, lernen Pferde am besten,
wenn sie sich entspannt und sicher fühlen. Gleichzeitig sind
neue (An-)reize und Herausforderungen nötig, damit sich das
Pferd entwickeln kann. Unsere Aufgabe als Mensch ist es, die
Reizintensität so zu gestalten, dass das Pferd zwar herausge-
fordert ist, aber nicht in die Panikzone gerät, in der es sich der
Situation nicht mehr gewachsen fühlt.

Je besser wir unser Pferd kennen und je besser wir seine
Signale deuten können, umso differenzierter können wir entscheiden, wann wir ihm wie viel Herausforderung zumuten
können. Gleichzeitig wird das Pferd uns (je besser es wiederum uns kennt und je stabiler unsere Beziehung ist) stärker
vertrauen und bereit sein, auch Dinge kennenzulernen, die es
ohne die sichere Bindung an uns eher meiden würde. Das setzt
jedoch voraus, dass wir uns der Verantwortung, die wir übernehmen, bewusst sind, und dass wir das Pferd nur Situationen

aussetzen, denen wir selbst und das Pferd (mit seinem aktuellen Entwicklungstand) gewachsen sind.

Lernmöglichkeiten der Pferde

Pferden stehen die gleichen Lernmöglichkeiten offen wie Menschen. Sie lernen durch:
> *Beobachtung*
> *Nachahmung*
> *Versuch und Irrtum*
> *Konditionierung* (dieses umfangreiche Thema wird separat im nächsten Kapitel behandelt)

Nun ist die Wahrnehmung der Pferde – wie wir gesehen haben – jedoch deutlich breiter aufgestellt als die von Menschen. Dies wirkt sich auch auf das Lernen aus. Zum Beispiel dann, wenn unsere Pferde beim Lernen ein Detail wahrnehmen, das wir gar nicht bemerkt haben und dieses in ihre Lernerfahrung mit einbauen.

Die folgenden Lernmöglichkeiten liegen Pferden besonders:

Prägungslernen

Prägung ist nichts pferdespezifisches. Vielmehr lernen sehr viele Lebewesen, besonders zu Beginn ihres Lebens, durch Prägung. Besonders wichtig ist hier zum Beispiel die Prägung durch den direkten Kontakt zu Artgenossen, die für die Entwicklung eines gesunden Sozialverhaltens unerlässlich ist. Pferde, die diese Erfahrung im Fohlenalter nicht gemacht haben, haben oft ihr Leben lang Schwierigkeiten damit, sich mit anderen Pferden gut zu verständigen.

Soziales Lernen

Als Herdentiere spielt für Pferde das soziale Lernen eine wichtige Rolle. Ähnlich wie wir Menschen ist ihr Gehirn mit Spiegelneuronen ausgestattet (dazu mehr im Kapitel »*Vertrauen folgt auf Selbstvertrauen*«, Seite 175). Dies befähigt sie, das Verhalten anderer Lebewesen zu »lesen«, nachzuempfinden und so durch die Beobachtung von Verhaltensweisen zu lernen.

In einer partnerschaftlichen Beziehung mit Pferden sollten wir diese Form des Lernens nie unterschätzen. Insbesondere die gattungsübergreifende Wirkung der Spiegelneuronen kann uns dabei unterstützen, gemeinsam mit dem Pferd wichtige Lernerfahrungen zu machen.

Gewöhnungslernen

Von Gewöhnung oder Gewöhnungslernen (auch Sensitivierung) spricht man, wenn sich ein Individuum durch Wiederholung und langsame Steigerung eines Reizes an diesen gewöhnt und so mittelfristig keine oder nur noch eine geringe Reaktion auf diesen Reiz zeigt. Im Umgang mit Pferden kann das Gewöhnungslernen interessant sein, weil die Pferde, mit denen wir tagtäglich in Kontakt stehen, vielen Reizen ausgesetzt sind, die bei einem wildlebenden Pferd den Fluchtinstinkt auslösen würden. Insbesondere bei jungen oder unerfahrenen Pferden kann man dieses Verhalten oft beobachten. In einem solchen Fall ist ein langsames und schrittweises Gewöhnen an den auslösenden Reiz ein guter Weg, um für Entspannung zu sorgen. Wichtig ist an dieser Stelle, darauf zu achten, dass beim Gewöhnungslernen die individuelle Lernzone des Pferdes nicht überschritten wird. Denn wenn es – ungewollt – bei der Gewöhnung in die Panikzone kommt, werden die nächsten Schritte der Gewöhnung deutlich schwieriger sein.

Gewöhnungslernen findet bei Pferden immer dann statt, wenn wir sie dazu auffordern, sich mit neuen Materialien oder Gegebenheiten auseinanderzusetzen. Das beginnt bereits beim Gewöhnen an Halfter und Strick, an den Hoftraktor, der das Heu bringt, an fremde Menschen oder Hunde, denen man auf dem Spaziergang mit einem Jungpferd begegnet. **An je mehr Situationen sich ein Pferd gerade im jungen Alter gewöhnt, um so entspannter wird es später neuen Herausforderungen begegnen.**

Versuch und Irrtum

Wenn Pferde vor einer neuen Herausforderung stehen, die sie noch nie gelöst und für die sie bisher kein Lösungsschema haben, dann können sie, je nach Situation und Persönlichkeit, durchaus Motivation entwickeln, dieses Problem zu lösen. Ob und wie sich ein Pferd auf diesem Wege mit der Lösung von Problemen auseinandersetzt, kann Rückschlüsse über seine Persönlichkeit, seine Intelligenz oder seine Neugierde und Unerschrockenheit zulassen. So gibt es beispielsweise Pferde, die in der Lage sind, Tore zu öffnen oder die jede noch so knifflige Verschlusstechnik, die sich Menschen ausdenken, auf der Basis von Versuch und Irrtum »knacken«.

Assoziatives Lernen

Die Tatsache, dass Pferde ihre Umgebung sehr vielschichtig wahrnehmen, begünstigt assoziatives Lernen. Sie verknüpfen gemachte Erfahrungen mit Orten, Gerüchen und/oder anwesenden Lebewesen. Ihre Reaktionen auf bestimmte Reize sind für uns aus diesem Grund manchmal nicht nachvollziehbar, etwa weil wir den konkreten Geruch nicht wahrnehmen oder weil uns eine Veränderung in der Umgebung nicht bewusst ist, die für das Pferd aber eine große Rolle spielt. Die Fähigkeit des assoziativen Lernens ist die Voraussetzung für die verschiedenen Formen der Konditionierung.

Lernfreundliches Umfeld, gute Lernatmosphäre

Als menschlicher Beziehungspartner sind wir für die Umgebung, in der das Pferd lernen soll, sowie für die Gestaltung der Umstände zuständig. Dafür ist es wichtig zu wissen, was Pferde brauchen, um entspannt und gut lernen zu können. Und das unterscheidet sich mitunter deutlich von dem, was wir selbst kennen.

Vielfalt statt Fokus

Ganz ihrer Wahrnehmung entsprechend lernen Pferde besser und leichter, wenn wir die Aufgabe nicht zu fokussiert und nicht immer gleich angehen. Das hat Auswirkungen auf unseren Trainingsplan: **Neues lernen Pferde schneller und effektiver, wenn wir es immer mal wieder für wenige Minuten wiederholen und nicht über einen längeren Zeitraum hinweg üben.**

Das erfordert von uns Menschen Geduld und Kreativität, vor allem dann, wenn wir eigentlich ein klares Ziel vor Augen haben, welches wir möglichst schnell erreichen wollen. Der geradlinige Weg, den viele Menschen bevorzugen und der aus unserer evolutionären Entwicklung als Raubtier abgeleitet werden kann, ist für Pferde nicht nachvollziehbar. Um einen motivierten Beziehungspartner an der Seite zu haben ist es unsere Aufgabe, diesen »Weg des Raubtiers« aufzugeben und uns der Art und Weise anzupassen, wie Pferde gut und gerne lernen. Hier hilft es, sich selbst diese Lernaufgabe zu stellen: Lernen wir, auf unsere innere Verbissenheit und Zielgerichtetheit zu verzichten – zu Gunsten von mehr Flexibilität und Leichtigkeit. So können wir gemeinsam mit dem Pferd Spaß an den anstehenden Lernaufgaben entwickeln und entdecken vielleicht auch für uns selbst, dass Lernen viel leichter geht, wenn es mit Freude verbunden ist.

Emotional statt rational

Dies gilt für das Lernen insgesamt: **Lerninhalte, die mit Emotionen verbunden sind, werden besonders schnell und gut erlernt.** Dabei ist es egal, ob es sich um negative oder positive Emotionen handelt – zumindest für das erleichterte Lernen. Für das lernende Individuum macht es einen deutlichen Unterschied.

Wenn wir mit dem Pferd eine positive und partnerschaftliche Beziehung führen wollen und uns in diesem Zusammenhang natürlich auch ein langfristig motiviertes Pferd wünschen, dann wird schnell klar, dass wir dafür sorgen sollten, dass die emotionalen Erfahrungen, die das Pferd mit uns gemeinsam beim Lernen macht, möglichst positiv sind.

Solche, für das Pferd positiven Emotionen können sein:
> *Entspannung*
> *Spaß*
> *Sicherheit*
> *Genuss*

Für die Lernsituation bedeutet das, dass wir zum einen die Umgebung so gestalten, dass sich das Pferd sicher und geborgen fühlt, bevor es ans Lernen geht. Zum anderen können wir darauf achten, dass wir, wenn es um operantes Konditionieren geht, Verstärker einsetzen, die beim Pferd zu positiven

Emotionen führen. Hierzu können soziale Fellpflege (Kraulen), Spielen, eine Pause oder ähnliches gehören. Wichtig ist, wie eigentlich immer: auf die individuellen Bedürfnisse des Pferdes zu achten.

Aus meinem Pferde-Team

Meine Stute Malenka kann ich zum Beispiel mit einer entspannten Pause, in der ich sie für einen Moment einfach in Ruhe ihre Dinge machen lasse, viel glücklicher machen, als wenn ich sie kraule.

Individuell statt »mit der Gießkanne«

Pferde haben, genau wie wir Menschen, ganz individuelle Vorlieben, wenn es ums Lernen geht. Diese können zum einen geschlechtsspezifisch sein – so haben Hengste, aber auch Wallache, in der Regel einen ausgeprägteren Spieltrieb als Stuten und freuen sich über spielerische Lernangebote, während Stuten oft eher für ruhige, genussvolle Lerneinheiten zu haben sind.

Zum anderen spielt die Persönlichkeit des Pferdes eine wesentliche Rolle. Haben wir es mit einem sehr neugierigen, mutigen Tier zu tun, können Lerneinheiten ganz anders gestaltet werden, als wenn das Pferd tendenziell vorsichtig oder sogar ängstlich ist.

Es ist für den individuell besten Lernkontext für das jeweilige Pferd also unerlässlich, dieses zunächst kennenzulernen, zu beobachten und dann ganz bewusst zu entscheiden, wie die Lerneinheiten am besten aufgebaut werden können.

Gut zu wissen

Konditionierung spielt in der Pferde-ausbildung an vielen Stellen eine we-sentliche Rolle – umso wichtiger ist es, dass wir uns bewusst Gedanken darüber machen, warum wir in welcher Situation wie konditionieren. Die Konditionierung eines Pferdes über Futterlob sollte, wenn überhaupt, sehr bewusst erfolgen.

Konditionierung bei Pferden

K ommen wir nun noch einmal ausführlich auf das Thema Konditionierung zu sprechen. Grundsätzlich unterscheidet die Psychologie zwischen der **klassischen**
und der **operanten** Konditionierung.

Die **klassische Konditionierung** kommt ganz natürlich in
unserem Alltag – und auch im Alltag der Pferde – vor. Bei dieser wird im Gehirn ein Reiz mit einer (natürlichen) Reaktion
bzw. einem anderen Reiz verknüpft.

Aus meinem Pferde-Team

*Malenka, meine ältere Stute, die aufgrund ihrer mittlerweile
schlechten Zähne nicht mehr so gut Heu fressen kann, ist beispielsweise klassisch darauf konditioniert, zum Paddock-Tor zu kommen und wiehernd ihr Futter einzufordern, sobald sie hört, dass
ein Mensch kommt. Wie kommt das zustande?*

*Ich komme in den Stall – das Erste, was ich in der Regel mache:
Ich richte das Futter, separiere Malenka von der Herde – eventuell
hole ich sie mit Halfter und Strick aus der Gruppe. Malenka verknüpft: Anna kommt – es gibt Futter. Am nächsten Tag kommt
eine meiner Stallkolleginnen und macht das gleiche. Malenka verknüpft: Mensch kommt – es gibt Futter. Zeitnah wird sie registrieren, dass es sich lohnt, Richtung Tor zu kommen, wenn ein Mensch
in den Stall kommt ... sie ist klassisch konditioniert. Das führt
manchmal zu spannenden Irritationen, etwa wenn Menschen neu
in unseren Stall kommen und sich freuen, dass dieses Pferd sie
freudig wiehernd begrüßt. Dafür hat keine Seite aktiv gesorgt, es
passiert einfach und ist – je nachdem – auch gar nicht erwünscht!*

Wir müssen aber natürlich nicht darauf warten, dass klassische Konditionierung zufällig passiert. Wir können sie auch

aktiv gestalten. Etwa, wenn ich einen bestimmten Pfeif- oder Klingelton mit der Fütterung der Pferde verknüpfe und mir so den Weideabtrieb deutlich erleichterte oder wenn ich ein – dem Pferd unbekanntes – Stimmsignal mit einem körpersprachlichen kombiniere, welches das Pferd von Natur aus versteht. So lernt das Pferd auf Stimmkommando loszulaufen. In beiden Beispielen greift der Mechanismus des assoziativen Lernens.

Bei der **operanten Konditionierung** wird ein (zunächst zufällig auftretendes, natürliches) Verhalten des Pferdes entweder verstärkt (wenn die Konsequenzen angenehm waren) oder verringert (wenn die Konsequenzen unangenehm waren). Das Pferd lernt bei der operanten Konditionierung also, sein Verhalten mit entsprechenden Folgen in Verbindung zu bringen und es dadurch entweder häufiger oder weniger häufig zu zeigen.

Operantes Konditionieren spielt in vielen Bereichen der Pferdeausbildung eine wichtige Rolle. Ein einfaches Beispiel ist das sogenannte »Aussetzen« von Hilfen, sobald das Pferd eine gewünschte Reaktion zeigt. Ich treibe das Pferd an – es reagiert, wie gewünscht, indem es vorwärts geht – ich höre auf zu treiben (setze die Hilfe aus). Bei diesem Beispiel spricht man von der sogenannten negativen Verstärkung. Das Pferd wird lernen, auf die treibende Hilfe schneller/feiner zu reagieren, weil es weiß, dass dann der unangenehme Reiz aufhört. Alternativ kann ich das Losgehen eines Pferdes auch positiv verstärken, etwa indem ich mein Pferd gut beobachte und es in einem Moment, in dem es von sich aus losgeht mit einer angenehmen Konsequenz belohne. Dieser Weg lässt sich beispielsweise gut mit der klassischen Konditionierung verbinden, indem ich dem Pferd parallel ein Stimmsignal antrainiere, mit dem es das Losgehen (und die darauffolgende positive Konsequenz) verknüpft.

»Konditionierung: sinnvoll und
mit Verstand.«

Beim **operanten Konditionieren** unterscheidet man folgende Varianten:

Positiv (etwas wird hinzugefügt):	**Negativ** (etwas wird weggelassen):
> *Verstärkung:* Hinzufügen einer angenehmen Konsequenz: Das Verhalten wird häufiger gezeigt.	> *Verstärkung:* Entfernen eines unangenehmen Reizes: Das Verhalten wird häufiger gezeigt.
> *Bestrafung:* Hinzufügen eines unangenehmen Reizes: Das Verhalten wird weniger häufig gezeigt.	> *Bestrafung:* Entfernen eines angenehmen Reizes: Das Verhalten wird weniger häufig gezeigt.

Bei Wildpferden spielt die Konditionierung keine übergeordnete Rolle. Sie geschieht eher zufällig und nebenbei. Wenn jedoch Menschen mit einem Pferd in Kontakt treten, dann geschieht plötzlich ganz viel über Konditionierung. Aus diesem Grund sollten wir uns besonders gründlich darüber Gedanken machen, warum wir in welcher Situation wie konditionieren.

Pferdegerechte Konditionierung

Auch wenn wir vielleicht davon träumen, ein Pferd in einer partnerschaftlichen Beziehung nur positiv zu verstärken und niemals zu bestrafen, so zeigt doch die Realität, dass es manchmal anders sein muss. Aus meiner Perspektive ist das auch nicht weiter schlimm, denn auch Pferde tadeln sich untereinander oder setzen sich Grenzen!

Die Frage sollte lauten: Wie kann es gelingen, die Varianten der operanten Konditionierung so einzusetzen, dass das Pferd sie direkt verstehen kann und wir nicht auf unserer menschlichen Kommunikations- und Denkweise beharren? Die folgende Aufstellung erhebt keinen Anspruch auf Vollständigkeit und stellt meine Perspektive auf pferdegerechte Konditionierung dar.

Pferdegerechte Verstärkung:	**Pferdegerechte Bestrafung:**
> Freundliche, weiche verbale Äußerung	> Scharfe verbale Äußerung
> Eigene Begeisterung deutlich machen (Körpersprache, Stimme, Energie)	> Eigene Grenzen/eigenen Widerwillen deutlich machen (Körpersprache, Stimme, Energie)
> Pause machen	> Wiederholung einer Übung oder Lektion
> Kraulen	> Kontaktaufnahme des Pferdes ignorieren bzw. mit Kraulen aufhören
> Spielen	> Interaktion unterbrechen (macht natürlich nur dann Sinn, wenn das Pferd die Interaktion als angenehm erlebt)

Futterlob – ja oder nein?

Falls Sie sich jetzt wundern, dass in der Gegenüberstellung kein Futterlob aufgeführt ist: Natürlich kann man ein Pferd auch über Leckerlis konditionieren. **Für mich ist diese Art der Belohnung aber im oben genannten Sinne nicht pferdegerecht, weil sie nicht dem natürlichen Lernverhalten der Pferde entspricht.** Pferde, die in der Natur immer ausreichend Nahrung zur Verfügung haben, werden für ihre Aktivitäten nicht mit Futter oder der Möglichkeit zu fressen »belohnt«. Anders ist das bei Raubtieren, die durch erfolgreich gelerntes Jagdverhalten mit der erlegten Beute belohnt werden. Raubtiere müssen eine Leistung erbringen, bevor sie fressen können. Das Pferd senkt in vielen Fällen einfach den Kopf und wählt die passende Nahrung – es muss sich dafür nicht extra anstrengen.

Dennoch gibt es Situationen, in denen eine Verstärkung mit Leckerlis sinnvoll sein kann und angezeigt ist. Für uns Menschen scheint sie nur leider oft die naheliegendste Variante zu sein und ich möchte alle Pferdeliebhaber an dieser Stelle einladen, ihr eigenes Denken und Verhalten in Bezug auf Lob mit Futter im Kontakt mit Pferden zu reflektieren und zu überdenken.

Grundsätzlich gilt für mich, hier wie bei allen anderen Fragen zur partnerschaftlichen Beziehung zwischen Pferd und Mensch: was weder Pferd noch Mensch schadet, ist grundsätzlich möglich und erlaubt. Die Herausforderung besteht immer darin, den für uns und unseren Pferdepartner passenden Weg zu finden.

Fressverhalten hat bei Pferden nichts mit Rangordnung zu tun. Im Gegenteil, oft ist es sogar so, dass die erfahrenen (ranghöheren) Pferde für die Sicherheit der Herde zuständig sind, während die anderen entspannt fressen. Für das Loben mit Leckerlis bedeutet das, dass Sie sich prinzipiell keine Sorgen darüber machen müssen, dass Ihr Pferd Ihnen gegenüber aufgrund der Leckerbissen respektlos wird und Sie als rangniedriger einschätzt. Wenn durch das Futterlob allerdings das Verhalten verstärkt wird, dass uns das Pferd ständig zu nahekommt oder es uns sogar anrempelt, dann sieht die Situation wieder anders aus.

Sinn kann Futterlob zum Beispiel dann machen, wenn ich dadurch Entspannung ins Pferd bringen kann und will. Denn Fressen ist für Pferde mit Entspannung verknüpft. Das setzt allerdings voraus, dass ich gut beobachte und den richtigen Moment für das Leckerli abpasse, damit nicht das Gegenteil der Fall ist und das Pferd für Unruhe belohnt wird oder dafür, das Futterlob einzufordern.

Auch wenn Pferde etwas lernen sollen, was nicht ihren natürlichen Verhaltensweisen entspricht, kann der Einsatz von Leckerbissen sinnvoll sein. Denn auf diese Art können wir uns gemeinsam in kleinen Schritten dem annähern, was ich als Mensch für das Pferd als sinnvolle Lernerfahrung identifiziert habe oder worauf wir gemeinsam Lust haben.

Futterlob ist aus meiner Perspektive definitiv nicht angebracht, wenn wir es mit einem Pferd zu tun haben, welches sich beim bloßen Auftauchen der Leckereien nur noch auf diese fokussiert und rechts und links nichts anderes mehr wahrnimmt. Solche Pferde werden teilweise richtiggehend kopflos beim Einsatz von Futterlob, was der eigentlichen Idee – durch Futter das Lernen zu erleichtern – entgegenwirkt. Bei einem solchen Pferd ist es zunächst einmal angezeigt, daran zu arbeiten, dass Leckerlis nicht frech und rüpelhaft eingefordert werden können, sondern dass der gegenseitige Raum trotz des unwiderstehlichen Geruchs aus der Tasche mit den Leckerbissen entspannt und ruhig gewahrt werden kann.

Ich habe auch Pferde erlebt, die in hochkonzentrierten Lernphasen keine Leckerlis aus der Hand angenommen haben. Wenn wir in einem solchen Fall dennoch mit Futterlob arbeiten möchten, kann der Einsatz eines Futtereimers, der die Arbeitsphase durch eine Fresspause unterbricht, eine sinnvolle Alternative sein.

Grundsätzlich lässt sich sagen, dass der Einsatz von Futterlob eine gewisse Übung erfordert, damit nicht das Risiko besteht, ungewünschte Verhaltensweisen zu verstärken.

Gut zu wissen

Pferde spielen gerne und insbesondere Hengste oder Wallache spielen in fast jedem Alter. Dabei signalisieren sie eindeutig, wenn sie nicht spielen möchten: sie wenden sich einfach ab. Auf uns Menschen wirkt das manchmal etwas unhöflich – in der natürlichen Herde spart das aber wertvolle Energie.

Welche eigenen Motive haben Sie bezüglich der Beziehung zu Ihrem Pferd? Diese Frage sollten Sie zunächst für sich selbst beantworten. Anschließend geht es darum zu verstehen, welche Bedürfnisse und Motive ein Pferd hat. Tatsächlich sind es ähnliche wie bei uns Menschen, nämlich Lustgewinn/Unlustvermeidung, Bindung und Zugehörigkeitsgefühl, Selbstwerterhöhung sowie Orientierung/Kontrolle.

Spielverhalten bei Pferden

P ferde spielen – und sie spielen in fast jedem Alter. Spielen unter Pferden schult den Pferdekörper in Hinblick auf alles, was lebensnotwendig ist. Spielen ist kein zweckfreies Verhalten.

Während sehr junge Fohlen vor allem solitäre Laufspiele zeigen, mit denen sie sich für das schnelle Mitziehen mit der Herde fit machen, reduzieren Stuten mit zunehmendem Alter ihre Spielaktivitäten und zeigen eher ruhigere Tätigkeiten wie soziale Fellpflege. Hengste (und Wallache) hingegen spielen oft ein Leben lang. Allerdings beschäftigen sie sich vermehrt mit sozialen Spielen, bei denen neben Ausdauer und Geschwindigkeit auch die Kampfstärke trainiert wird. Die Spiele zwischen Junghengsten sind dabei deutlich körperlicher und ausdauernder als die zwischen Althengsten, die teilweise auch einfach Zeit miteinander verbringen und nur kurze Interaktionssequenzen einbauen, die sich mit Phasen sozialer Fellpflege abwechseln.

Aufforderung zur Interaktion

Die Aufforderung zum Spiel zwischen Pferden ist eine der ganz wenigen Situationen, in denen Pferde sich untereinander aktiv am Kopf berühren. Ähnlich wie bei sich kabbelnden Halbstarken schaukelt sich diese Interaktionssequenz immer weiter hoch, bis sie in teilweise wilden Kampfspielen (mit Hochsteigen und in die Beine beißen, um den anderen zu Fall zu bringen) oder in kurzen Laufspielen mündet.

Im Gegensatz dazu ist die Einladung zur sozialen Fellpflege deutlich passiver und ruhiger. Sie richtet sich auch niemals in Richtung des Kopfes des anderen Pferdes, sondern findet bei gegengerichtet nebeneinanderstehender Position auf Hals- und Schulterhöhe statt. Das einladende Pferd wartet hier oft passiv ab, ob der eingeladene Sozialpartner auf den Vorschlag

Bei der Aufforderung zum Spiel berührt ein Pferd das andere seitlich am Kopf. Wenn die Aufforderung angenommen wird, gibt die Gegenseite die Berührung zurück. So schaukelt sich das Spiel Stück für Stück hoch. Wobei sich im weiteren Verlauf die Berührungen auf andere Körperstellen verlagern können.

eingeht oder nicht. Ein fließender Wechsel zwischen beiden Interaktionsformen ist möglich.

Sowohl beim Spiel als auch bei der sozialen Fellpflege kann der Eingeladene entscheiden, ob er der Aufforderung folgt oder nicht. Ein »Ja« ist leicht zu erkennen – einfach, indem das Pferd auf die Aufforderung eingeht.

Ein »Nein« unter Pferden erscheint aus menschlicher Perspektive teilweise etwas unhöflich: Etwa, wenn der Eingeladene einfach nicht ins Ping-Pong einsteigt, sich desinteressiert abwendet und weiter grast oder sogar ein paar Meter weiter geht und dem anderen sprichwörtlich die kalte Schulter zeigt. Nur im äußersten Fall der Fälle wird das Pferd, das »Nein« sagt, deutlich und gegebenenfalls auch körperlich aktiv.

Im Vergleich dazu erfolgt die Krauleinladung durch eine Berührung an der Kruppe. Dabei stellt sich das auffordernde Pferd entgegengesetzt parallel zum Kraulpartner auf und berührt ihn am Widerrist. Wird die Aufforderung angenommen, gibt die Gegenseite die Berührung zurück. Anschließend werden mit Lippen und Zähnen wechselnde Körperpartien bearbeitet.

Auf ähnliche Weise verhalten sich Pferde, wenn sie ein Spiel beenden wollen: Sie hören einfach auf und gehen weg. Um das Spiel zu beruhigen, orientiert sich die Aufmerksamkeit weg vom Kopf hin zu Achsel und Flanke des Partners und das eigene Energielevel sinkt.

Im Unterschied zum Spiel findet man bei Pferden, die ernst machen oder die ein Ritual absolvieren, kein Vorgeplänkel. Hier geht es gleich zur Sache. Beim Ritual findet im Gegensatz zum echten Kampf keine Berührung zwischen den beiden beteiligten Pferden statt.

[15] Buchempfehlung zu Sharon Wilsie im Quellen- und Literaturverzeichnis, S. 212

Sharon Wilsie nennt in ihrem Buch »Sprachkurs Pferd«[15] explizit verschiedene sogenannte Buttons, die Pferde für ihre Kommunikation untereinander verwenden und die auch wir Menschen für die Kommunikation mit ihnen nutzen können.

»Pferde zeigen Artgenossen ein-
fach die 'kalte Schulter' – eine
für uns ungewohnte Art, Nein zu
sagen.«

Neben dem »Begrüßungs-Button« (vorne an der Nase), beschreibt sie unterschiedliche Körperstellen, über die Pferde
Nähe und Distanz zueinander regulieren. Auch die oben be-
schriebenen Stellen für die Einladung zum Spiel und zur Körperpflege gehören dazu.

Wenn der Vater mit dem Sohne ...

Der Althengst einer Herde (innerhalb eines Herdenver-
bandes manchmal auch der Leithengst des Verbandes) spielt
gegebenenfalls mit einzelnen Junghengsten. Das gemeinsame
Spiel dient hier auch der Beziehungspflege und der Einschät-
zung des jüngeren Pferdes.

In diesem Fall wird das Spiel durch den Althengst geführt
und kontrolliert. Dadurch läuft es deutlich ruhiger ab als das
Spiel zwischen zwei Junghengsten. Steigen und in die Beine
zwicken tauchen nur reduziert auf.

Um eine stabile Beziehung zu einem Pferd aufzubauen,
kann es sehr hilfreich sein, auf das gemeinsame Spiel zurückzugreifen. Wenn wir als Mensch mit einem Pferd spielen wollen,
sollten wir uns dabei in die Rolle des Althengstes begeben. So
können wir ein ruhiges und kontrolliertes Spiel einleiten. Das
gemeinsame Spiel ermöglicht in Bezug auf den Beziehungsaufbau vieles, was in anderen Settings nur schwer umzusetzen
ist. Denn im Spiel gelten andere Regeln. Hier können beide
Seiten angstfrei Dinge ausprobieren, die man sich im Ernstfall
vielleicht nicht trauen würde. Im Spiel gibt es außerdem keine
Hierarchie – hier findet Kommunikation auf Augenhöhe statt.
Spielen setzt zudem Energien, Kreativität und Motivation frei.
Und macht einfach Spaß!

Motivation bei Pferden

Wenn wir mit einem anderen Lebewesen – zum Beispiel mit einem Pferd – in Beziehung treten wollen, dann sollten wir uns einerseits bewusst sein, welche eigenen Bedürfnisse und Motive wir hinsichtlich dieser Beziehung haben, andererseits sollten wir uns aber auch für die Bedürfnisse und Motive unseres Gegenübers interessieren.

Zunächst etwas ganz Grundlegendes zum Thema Motivation: Wenn wir das Motiv für ein Verhalten und das dahinter liegende Bedürfnis kennen, dann können wir uns dieses Verhalten (egal ob vom Menschen oder vom Pferd) besser erklären. Wir können es im besten Falle nachvollziehen und auch kompetenter damit umgehen.

Intrinsische und extrinsische Motivation

In der Motivationspsychologie unterscheidet man klassischerweise zwischen extrinsischer (von außen kommender) und intrinsischer (von innen kommender) Motivation.

Extrinsische Motivation ist nicht direkt und inhaltlich mit dem Ziel oder der ausgeführten Handlung verknüpft, sondern mit einer erwarteten Belohnung oder einer sonstigen Folge der Zielerreichung (höheres Gehalt, bessere Noten, hohes Prestige).

Intrinsische Motivation hängt direkt mit dem Ziel bzw. mit der für die Zielerreichung notwendigen Handlung zusammen (Neugierde, Interesse, Freude).

Naheliegend – und durch Untersuchungen bestätigt – ist, dass intrinsische Motivation stärker und vor allem nachhaltiger wirkt als extrinsische. So ist zum Beispiel nachgewiesen, dass Gehaltserhöhungen, die als Motivationsanreiz gegeben werden, bald ihren positiven Effekt verlieren, weil sich die betreffende Person schnell an den höheren Betrag gewöhnt. Im Gegensatz dazu wird eine Arbeit, die Freude bereitet oder den eigenen Interessen entspricht, auch dann gerne ausgeführt, wenn nicht gleich die nächste Gehaltserhöhung vor der Tür steht. (Das setzt selbstverständlich voraus, dass die finanzielle Basis insgesamt als stimmig empfunden wird.)

Intrinsische Motivation beim Pferd

Wer wünscht sich nicht ein Pferd, das aus eigenem Antrieb und intrinsisch motiviert bei der Sache ist?

Wer möchte nicht ein Pferd haben, das mit einem kommuniziert und sich über gemeinsame Aktivitäten freut, das von sich aus Kooperationsangebote macht oder unsere Angebote freudig annimmt?

Zunächst müssen wir verstehen, woher dieser innere Antrieb kommt und welche Voraussetzungen gegeben sein müssen, damit ein Pferd ihn entwickeln kann.

Die Basis für intrinsische Motivation beim Pferd ist, dass sich das Pferd in seinem Leben und in seiner Haut wohlfühlt und dass seine grundlegenden Bedürfnisse befriedigt sind. Das setzt zunächst einmal eine pferdegerechte Haltung voraus. Denn nur dann, wenn das Pferd möglichst unabhängig von uns Menschen seine Grundbedürfnisse befriedigen kann, kann es wirklich aus eigenem Antrieb für eine Zusammenarbeit mit uns motiviert sein.

Bedürfnisse und Motivation

Jedes Lebewesen hat grundlegende Bedürfnisse, die es zu befriedigen versucht.

Der Psychologische Psychotherapeut Klaus Grawe (1943–2005) hat vier psychologische Grundbedürfnisse identifiziert, die für Menschen handlungsleitend sind und deren dauerhafte Missachtung ungesund ist.

Diese vier Grundbedürfnisse sind:
> *Lustgewinn und Unlustvermeidung*
> *Bindung und Zugehörigkeitsgefühl*
> *Selbstwerterhöhung*
> *Orientierung und Kontrolle*

Als übergreifendes Bedürfnis hat K. Grawe das **Bedürfnis nach Stimmigkeit und Konsistenz**, also die Übereinstimmung von Vorstellung und Wirklichkeit, formuliert. (In der abgeleiteten praktischen Anwendung seines Modells wird es oft gleichrangig als fünftes Grundbedürfnis aufgeführt.)[16]

[16] *Weitere Infos im An-hang II in der Rubrik Links, S. 211*

Ich unternehme an dieser Stelle den Versuch, die von Klaus Grawe formulierten Bedürfnisse auf Pferde zu übertragen, um so zu erläutern, welche intrinsischen Motive ein Pferd für die Begegnung und Zusammenarbeit mit uns Menschen entwickeln kann.

Lustgewinn und Unlustvermeidung beim Pferd

Pferde agieren genau wie wir Menschen nach dem Prinzip »will ich« bzw. »finde ich gut« auf der einen Seite und »will ich nicht« bzw. »finde ich blöd« auf der anderen Seite. Sie sind bestrebt, sich so zu verhalten, dass ihnen etwas Spaß macht oder guttut. Dabei halten sie sich viel weniger als wir Menschen an gesellschaftliche Zwänge, orientieren sich aber durchaus an den Gepflogenheiten und Umgangsformen ihrer Herde.

Wenn wir unser Pferd auf dieser Basis motivieren wollen, dann sollten wir vor allem selbst Lust auf das haben, was wir mit ihm vorhaben. Je begeisterter wir selbst von einer Sache sind, um so einfacher ist es schließlich, den Funken der Begeisterung auf unser Pferd überspringen zu lassen. Denn das Pferd merkt sofort, ob wir mit echter und ehrlicher Freude bei der Sache sind oder ob wir nur einen Trainingsplan abhandeln, weil wir denken, dass das so sein muss.

Das funktioniert auch andersherum: Ein Pferd, das zum reinen Lustgewinn voller Begeisterung mit etwas beschäftigt ist oder uns Interaktionsimpulse anbietet, kann auch umgekehrt bei uns die Begeisterung für etwas wecken.

Bindung und Zugehörigkeitsgefühl bei Pferden

Um zu überleben, muss ein Pferd zu einer Gruppe gehören. Das Bedürfnis nach Bindung und Zugehörigkeit ist also bei ihnen besonders deutlich ausgeprägt. Die Motivation, fehlenden oder mangelnden Kontakt zu Artgenossen (wieder-)herzustellen kann daher für Pferde deutlich in den Vordergrund rücken, wenn dieses Bedürfnis nicht grundsätzlich befriedigt wird.

Gleichzeitig ermöglicht uns das Bedürfnis des Pferdes nach Bindung und Zugehörigkeit, in eine partnerschaftliche Beziehung mit ihm einzusteigen, wenn es uns gelingt, vom Pferd als wertvoller Sozialpartner wahrgenommen zu werden.

Selbstwerterhöhung bei Pferden

Auch Pferde haben das Bedürfnis, gesehen und wahrgenommen zu werden und sich in ihrer Umwelt als wirksam zu erleben. Wenn dieses Bedürfnis des Pferdes befriedigt ist, kann es uns gelingen, ein selbstbewusstes und gleichzeitig aufmerksam kommunizierendes Pferd an unserer Seite zu haben.

Dazu kann es hilfreich sein, dem Pferd immer wieder Erfolgserlebnisse zu verschaffen und diese mit dem Pferd gemeinsam zu feiern. Denn wie wir Menschen auch, werden Pferde durch erlebten Erfolg motiviert und das Lernen geht schneller und müheloser. Außerdem kann sich, auch beim

Pferd, auf diesem Weg aus einer ursprünglich extrinsischen Motivation eine intrinsische entwickeln.

Gleichzeitig ist es auch für die Motivation der Pferde wichtig, dass sie das Gefühl haben, wirklich gesehen zu werden und nicht nur für ihre Leistungen und Erfolge belohnt zu werden. Wenn es uns gelingt, diese echte und tiefe Beziehung von beiden Seiten aus auf stabile Füße zu stellen, dann werden sowohl wir selbst als auch das Pferd in der Lage sein, über uns hinaus zu wachsen. Die Motivation, für den jeweils anderen das Beste zu geben, wächst.

Orientierung und Kontrolle bei Pferden

Als Fluchttiere sind Pferde noch viel stärker als wir Menschen darauf angewiesen, die Orientierung zu behalten und Kontrolle über die aktuelle Situation zu haben. Beides können sie mit einem guten Gefühl nur dann abgeben, wenn sie in einem sozialen Kontext eingebettet sind und ein Partner (egal ob Mensch oder Pferd) die Aufgabe übernimmt, die Situation im Blick zu behalten (Orientierung) und Gefahren zu vermeiden (Kontrolle). Gelingt das nicht, wird es schwierig sein, die Aufmerksamkeit des Pferdes auf gemeinsame Aktivitäten zu lenken, weil es sich permanent vergewissern muss, die Umgebung gut im Blick zu behalten.

Stimmigkeit oder Kohärenz (nach Antonovsky)

[17] *Antonovsky, Aaron: »Salutogenese. Zur Entmystifizierung der Gesundheit.« Siehe Literaturverzeichnis. Mehr dazu auch im Kapitel »Resilienz – wie wir Widrigkeiten begegnen«, S. 131*

Das von Klaus Grawe beschriebene Bedürfnis nach Stimmigkeit ähnelt meiner Ansicht nach dem Kohärenzgefühl, das Aaron Antonovsky, ein israelisch-amerikanischer Soziologe (1923–1994), in seinem Salutogenesemodell[17] erläutert. Salutogenese beschäftigt sich mit der Entstehung und Erhaltung von Gesundheit und Wohlbefinden – im Gegensatz zur Pathogenese, die sich mit krankmachenden Faktoren beschäftigt.

> *Das Kohärenzgefühl stellt sich dann ein, wenn wir*
> *das Gefühl haben, eine Situation (das Leben und seine*
> *Zusammenhänge) zu verstehen,*
> *(Verstehbarkeit)*
> *uns in der Lage fühlen, diese Situation (unser Leben)*
> *aktiv durch unsere eigenen Handlungen zu beeinflussen*
> *(Handhabbarkeit)*
> *und wenn wir dem, was wir erleben, einen tieferen Sinn*
> *zuschreiben können.*
> *(Sinnhaftigkeit)*

Wenn alle drei Voraussetzungen erfüllt sind, stellt sich das Kohärenzgefühl ein, wir erleben eine Situation oder unser Leben als stimmig. Dieses Gefühl ist eine wesentliche Voraussetzung dafür, dass wir ein Leben führen, in dem wir uns wohl fühlen. Fehlen einzelne Elemente, so ist dieses Grundbedürfnis nach Stimmigkeit nicht erfüllt und wir suchen nach Wegen, das zu ändern. Der motivierende Faktor, der hier beschrieben werden kann, ist also die Suche nach dem Kohärenzgefühl.

Stimmigkeit und Kohärenz beim Pferd

Auch Pferde haben das Bedürfnis (in ihrem Rahmen) ihre Umwelt und ihr Leben zu verstehen. Erleichtert wird das für das soziale Fluchttier Pferd immer dann, wenn es auf verlässliche Beziehungen setzen kann und wenn es vorhersehbare Umweltbedingungen vorfindet. Zu viel Wechsel und Unsicherheit reduzieren für Pferde das Gefühl, ihre Welt zu verstehen. Sie sind in solchen Fällen oft unruhig und immer in Habachtstellung. Auch das Bedürfnis, die Situation aktiv gestalten zu

»Sowohl Menschen als auch
Pferde haben das Bedürfnis
'gesehen zu werden'«

können, ist Pferden vertraut. Neben den passenden Haltungsbedingungen wirkt sich auch die Herangehensweise der Menschen an Beziehung und Erziehung des Pferdes darauf aus, ob es sein Leben als handhabbar erlebt. Immer noch gibt es viel zu viele Pferde, die in der Schockstarre einer erlernten Hilflosigkeit ihr Leben fristen, einfach weil sie gelernt haben, dass all ihre Aktivitäten nicht zu einer Veränderung von Situation und Umständen geführt haben.

Conclusio

An dieser Stelle ist es wichtig, für das Pferd Lebensumstände zu schaffen, die es ihm ermöglichen, überhaupt Verantwortung für sich selbst, für sein Leben und für seine Entscheidungen zu übernehmen. Pferde, die eigene Entscheidungen treffen können, wachsen oft förmlich über sich hinaus. Natürlich können wir Pferden nicht immer und in jeder Situation zugestehen, Entscheidungen zu treffen und Verantwortung zu übernehmen, aber wir können sehr bewusst entscheiden, wann es möglich und hilfreich ist, das Pferd immer wieder erleben zu lassen, dass sein Handeln eine Wirkung hat.

Am schwierigsten ist es vielleicht, das im Grundbedürfnis nach Stimmigkeit verankerte Bedürfnis nach Sinnhaftigkeit auf Pferde zu übertragen. Dennoch möchte ich genau diesen Versuch wagen:

Für ein Pferd in seiner natürlichen Umgebung macht jedes Verhalten Sinn. Erst im Zusammenleben mit Menschen werden vom Pferd Dinge verlangt, die aus seiner Perspektive keinen Sinn ergeben. Hierzu zählt beispielsweise schon das Geben eines Hufes, damit dieser gereinigt, ausgeschnitten oder sogar beschlagen werden kann. Aus unserer menschlichen Perspektive heraus ist es sinnvoll, genau dies vom Pferd zu verlangen.

Aus der Sicht des Pferdes kann dieses Verhalten bedrohlich sein. Denn mit einem hochgezogenen Bein, das auch noch festgehalten wird, ist das Pferd im Fall der Fälle Angriffen schutzlos ausgeliefert.

Es ist unsere menschliche Aufgabe, dem Pferd in einer derartigen Situation zum einen die Sicherheit zu vermitteln, dass es diese gefährliche Handlung ausführen kann und zum anderen dem gewünschten Verhalten auf anderen Ebenen einen Sinn zu geben. Eine Möglichkeit, das zu tun, ist die positive Verstärkung (siehe Kapitel »Lernen bei Pferden«, Seite 75). Eine andere ist, auf die hier vorgestellten Grundbedürfnisse zurückzugreifen und das Hochheben eines Hufes beispielsweise so zu motivieren, dass sich der Selbstwert des Pferdes bei dieser Übung erhöht, etwa indem bereits kleine Erfolge gemeinsam gefeiert werden.

Wir Menschen – mit und ohne Pferd

Wir Menschen –
mit und ohne Pferd

Gut zu wissen

Menschen leben fast nie in der Gegenwart. Wir werden bestimmt von den
Gedanken an die Vergangenheit und an
die Zukunft. Zudem tragen wir nicht nur
unser eigenes Selbstbild mit uns herum,
sondern auch die Erwartungen der
Leistungsgesellschaft sowie diejenigen
an uns selbst.

In der Regel versuchen Menschen,
alles was sie wahrnehmen mit den ihnen
altbekannten Mustern zu erklären. Es ist
schwer, etwas neu und ohne Vorannahmen zu betrachten – aber der Versuch
lohnt sich!

Was wir alles mit zum Pferd nehmen

W enn wir uns Gedanken über die Beziehung zwischen Menschen und Pferden machen, dann dürfen wir auf keinen Fall über uns selbst als einem der Beziehungspartner hinwegsehen. Nicht nur das Pferd bringt seine arttypischen und individuellen Bedürfnisse sowie die von ihm gemachten Erfahrungen in diese Beziehung mit ein, sondern auch wir.

Wer mit Pferden umgeht, sollte mit sich selbst umgehen können – mit seinen Emotionen, mit seinen Ansprüchen. Er sollte sich mit der Entwicklung seiner eigenen Persönlichkeit beschäftigten und sich um sich selbst kümmern.

Zwischen Mensch und Pferd gibt es dabei einen wesentlichen Unterschied: Das Pferd lebt im Hier und Jetzt. Wir hingegen (fast) nie.

Was wir in die Begegnungen mit Pferden einbringen:
> *Etwas aus der Vergangenheit*
> *oder Gedanken zur Zukunft,*
> *etwas, das wir erwarten,*
> *etwas, das wir fürchten*
> *oder etwas, das wir erhoffen.*

Wir haben also unsere Geschichte und unseren Alltag mit dabei – oder man könnte auch sagen, jeder von uns nimmt seinen persönlichen Rucksack mit zum Pferd. Daran lässt sich grundsätzlich zunächst nichts ändern und es stellt auch kein Problem dar. Es geht auch nicht darum, dass wir keine Fehler machen dürfen oder perfekt sein sollen. Es geht vielmehr darum, dass wir uns des »Rucksacks« bewusst sind und dass wir uns immer wieder reflektieren.

Es ist ein großer Vorteil, wenn wir die Beweggründe für unser Verhalten kennen und uns unserer aktuellen Bedürfnisse und Gefühle bewusst sind. Es ist gut, wenn wir registrieren,

»Mit welcher Energie gehen wir zum Pferd?«

dass etwas falsch gelaufen ist und dass wir uns Gedanken darüber machen, wie wir in Zukunft anders handeln wollen.

Denn die Energie, mit der wir in den Stall und zum Pferd kommen, wird uns dort wieder begegnen. Es lohnt sich also, sich der aktuellen eigenen Energie bewusst zu werden, sie anzunehmen – und nicht zu bewerten. Vor allem aber sollte uns bewusst sein, dass die Pferde diese Energie aufgreifen werden, wenn wir mit ihnen in Kontakt gehen.

Unser Selbstbild

Als Menschen gehen wir außerdem mit dem Bewusstsein durch die Welt, ein »Ich« zu sein bzw. zu haben. Mit diesem »Ich« identifizieren wir uns. Wir haben eine Vorstellung davon, wer wir sind und wer wir vielleicht sein möchten. Nicht immer stimmen diese beiden Vorstellungen überein. Das Bild, das wir von uns selbst haben, ist geprägt von den Erfahrungen, die wir in unserem Leben gemacht haben und davon, wie andere uns sehen und wie sie mit uns in Beziehung treten.

Welt der Erwartungen und des Drucks

Im Gegensatz zur Welt der Pferde ist unsere Welt eine Leistungsgesellschaft. Schon im Kindesalter werden wir mit der Erwartung konfrontiert, dass wir Leistungen erbringen sollen. Damit einher geht oft der Druck, diese Erwartungen zu erfüllen. Wir haben so sehr gelernt, dass Erwartungen ein Teil des Lebens sind, dass wir auch an uns selbst ständig Erwartungen haben und auch andere mit unseren Erwartungen womöglich unter Druck setzen. Und oft gehen wir auch in den Stall und haben Erwartungen an das, was dort passieren soll – an das Pferd, an uns als Pferdemenschen, an die gemeinsame Zeit. (Im Anhang finden Sie hierzu Übung 1 »Erwartungen loslassen«.)

Unsere Welt – ein Konstrukt

Pferde und Menschen nehmen die Welt jeweils auf ihre ganz eigene Weise wahr. Während wir uns beim Pferd beim Thema Wahrnehmung fast ausschließlich auf dessen Sinne konzentrieren konnten, ist es zielführend, sich diesem Thema beim Menschen aus psychologischer Perspektive zu nähern.

Beim Menschen geht uns um die Fragen:
> *Wie erleben wir das Wahrgenommene?*
> *Welche Bedeutung geben wir ihm?*
> *Auf Basis welcher Erfahrungen ordnen wir es ein?*

Erstens

Das, was wir als »wahrgenommene Realität« erleben, ist kein exaktes Abbild der uns umgebenden Realität. Das Bild, das wir uns von der Wirklichkeit machen, setzt sich aus den verschiedenen wahrgenommenen Reizen zusammen. Gleichzeitig werden diese Sinneseindrücke durch unser Gehirn so ergänzt, dass sich ein für uns schlüssiges Bild ergibt. Das bedeutet, unser Gehirn verfügt über ererbte (evolutionär bedingte) aber auch erlernte Deutungsmuster, die es auf das anwendet, was ihm durch die Sinneseindrücke präsentiert wird. So kann beispielsweise aus der Beobachtung eines zweidimensionalen Bildes eine dreidimensionale Annahme der Wirklichkeit entstehen (optische Täuschungen), ganz einfach deshalb, weil unser Gehirn weiß, dass wir in einer dreidimensionalen Welt leben. Das Gehirn gibt also dem wahrgenommenen Bild/Eindruck einen Sinn und fügt ihn in seine »Geschichte« der Welt ein. Unsere Sinne dienen, wenn man dieser Idee folgt, nicht dazu, die Welt abzubilden, wie sie ist, sondern sie liefern lediglich den Impuls, den das Gehirn braucht, um seine Umgebung zu deuten. Diese Sichtweise ist stark verkürzt wiedergegeben,

Optische Täuschungen entstehen natürlich auch in der realen Welt – man muss nur rechtzeitig auf den Auslöser drücken.

*»Unsere individuelle Geschichte
entscheidet darüber, welche
Beziehung wir zu unserem Pferd
haben.«*

dennoch liefert sie in meinen Augen eine wesentliche Basis dafür, zu verstehen, warum wir unsere Welt so und nicht anders
wahrnehmen.

Zweitens

Entscheidend ist darüber hinaus, welche Bedeutung wir
dem Wahrgenommenen geben. Wie ordnen wir es ein? Welche
Basis liegt dem zugrunde?

Wir alle bringen eine individuelle Geschichte mit, wir haben eigene Erfahrungen gemacht, die unsere Wahrnehmung
der Welt prägen und die darüber mitentscheiden, wie wir unsere Umwelt erleben. Aus diesem Erleben heraus werden unser
Verhalten und unser Handeln beeinflusst und geprägt.

Physiologisch gesehen ist die Wahrnehmung gesunder
Menschen miteinander vergleichbar. Wir alle nehmen einen
Tisch als einen Tisch wahr und wissen – kulturell bedingt –
welchem Zweck dieser dient. Erst die individuelle Erfahrung
macht diesen speziellen Tisch oder diese Art Tisch für den
einen zu etwas Besonderem und für den anderen zu etwas
ganz Alltäglichem.

Frisch geschnittenes Gras sollte eigentlich für alle Menschen ähnlich riechen. Dennoch verbindet jeder Mensch mit
diesem Geruch etwas anderes. Die eine nimmt ihn vielleicht
gar nicht wahr, der andere verbindet damit Erinnerungen an
eine glückliche Kindheit auf dem Land bei den Großeltern.

Diese **individuelle Komponente der Wahrnehmung** ist
es, die unter anderem für die Beziehung zwischen Mensch
und Pferd (aber auch zwischen Mensch und Mensch) von Bedeutung ist. Denn in diesem Erfahrungs- und Interpretations-
spielraum liegt eine ganze Welt für jeden einzelnen Menschen,

»Der große Schritt ins Unbekannte
– ein Gewinn!«

der in Kontakt mit Pferden geht. Fragen wir uns in diesem Kontext, was Pferde für uns und unsere Wahrnehmung bedeuten und welche Geschichte uns mit ihnen verbindet, so wird sehr schnell deutlich, welchen Einfluss unsere individuelle Geschichte auf unsere Wahrnehmung von Pferden und damit auch auf unsere Beziehung zu diesen Tieren hat.

Unsere Wahrnehmung orientiert sich außerdem stark an der Suche nach bereits bekannten Parametern. Wir versuchen, Dinge, die wir wahrnehmen, immer zunächst in den altbekannten, vertrauten Rahmen zu stecken. Das hat zur Folge, dass bisher Unbekanntes und alles, was nicht in unseren Erfahrungshorizont und unser Weltbild passt, viel schwerer bewusst wahrgenommen wird.

Dinge neu und ohne Vorannahmen zu betrachten, ist eine besondere Herausforderung. Gleichzeitig birgt dieser Schritt ins Unbekannte nicht nur in unserer Beziehung zu Pferden eine große Chance.

Sich dieser Faktoren der eigenen Geschichte und ihrer Wirkung auf unsere Wahrnehmung bewusst zu werden, kann entscheidend dafür sein, in konkreten Situationen dem eigenen Handeln eine andere Richtung zu geben und dadurch zum Beispiel aktiver und weniger passiv in die Gestaltung von Beziehungen einzusteigen.

Um sich mit diesem Thema näher auseinanderzusetzen, ist es hilfreich, sich mit den Zusammenhängen zwischen Erleben, Verhalten und Handeln zu beschäftigen.

Erleben, Verhalten und Handeln

Was ist »Erleben«?

In der Psychologie versteht man darunter die von außen nicht beobachtbaren inneren Prozesse, die aus Emotionen,

Motiven, Wünschen, Gedanken sowie aus der wahrgenommenen Umwelt entstehen.

Dieses individuelle Erleben kann für Außenstehende nur durch Selbstbeobachtung (Introspektion) und Beschreibung der erlebenden Person greifbar gemacht werden. Dabei wird es jedoch niemals möglich sein, die tatsächlichen Vorgänge und Gefühle des Erlebenden zu begreifen. Vielmehr ist individuelles Erleben nur durch doppelte Interpretation, quasi aus dritter Reihe, für Außenstehende verstehbar.

> *Derjenige der gerade selbst erlebt, beobachtet und interpretiert das eigene Erleben*
> *und versucht, diese Beobachtung in Worte zu fassen. Das gelingt ihm auf der Basis seiner individuellen kommunikativen Fähigkeiten.*
> *Derjenige, der das Erleben verstehen will, hört dieses verbalisierte Ergebnis der Interpretation und deutet sie wiederum auf der Basis seiner eigenen Wahrnehmung.*

Das, was ein Außenstehender vom inneren Erleben mitbekommt, wird also nie das sein, was tatsächlich erlebt wird, sondern ist immer gefärbt von individueller Interpretation in Kombination mit vorhandener Ausdrucksfähigkeit.

Anders ist es beim »Verhalten«.

Dieses bezeichnet alle beobachtbaren Aktionen und Reaktionen wie Handlungen, Bewegungen, (Körper-)Sprache und Mimik. Durch unser Verhalten kann auch unser Erleben teilweise nach außen sichtbar werden. Etwa durch Veränderungen in unserer Körperhaltung, wenn wir etwas als besonders angenehm oder unangenehm erleben. Es wird jedoch durch das Verhalten nie das tatsächliche Erleben und Fühlen der betroffenen Person sichtbar, sondern nur eine körperliche Reaktion bzw. ein Verhalten, das durch das Erleben ausgelöst wird.

Welches konkrete Verhalten eine Person zeigt, kann dabei von verschiedenen Faktoren beeinflusst werden. Neben den bereits erwähnten Emotionen können auch Bedürfnisse oder das körperliche Befinden einen Einfluss haben. Und auch die bisher gemachten Erfahrungen, die Sozialisation und die Kultur, in der jemand lebt, spielen, neben genetischen Faktoren und der konkreten Situation eine Rolle dabei, welche Verhaltensformen gezeigt werden.

Abhängigkeit zwischen Verhalten und Erleben

Verhalten und Erleben stehen in Wechselwirkung zueinander und beeinflussen sich gegenseitig. Das bedeutet, dass sich ein gewisses Erleben der Welt – seien es Emotionen oder Wahrnehmungen – auf das eigene Verhalten auswirkt (beispielsweise auf die Körperhaltung). Andersherum kann sich aber auch ein konkretes Handeln auf das individuelle Erleben auswirken.

Wenn ich zum Beispiel eine Situation als unangenehm erlebe, dann wirkt sich das auf mein Verhalten aus, indem ich zum Beispiel die Schultern hängen lasse, den Blick senke, mein Atem flacher wird und ich mich auch sonst eher passiv und zurückhaltend gebe.

Setze ich nun aktiv und bewusst eine alternative Handlung ein, etwa indem ich mich gezielt aufrichte, tief durchatme und den Kopf ganz bewusst hebe, dann wirkt sich diese veränderte Haltung auch auf meine Wahrnehmung und damit auf mein Erleben der Situation aus. Ich bin aktiver, habe einen größeren Gestaltungsspielraum und erlebe (vermutlich) die Situation nicht mehr so unangenehm wie am Anfang.

Eine konkrete Möglichkeit, wie wir unsere innere Haltung durch unsere äußere Haltung verändern können, erläutere ich im Kapitel zum Thema »*Embodiment*« (siehe Seite 145).

Beim Erleben geht es darum, mit welchem Gefühl wir zum Beispiel nach einem langen, anstrengenden Arbeitstag in den Stall kommen: Freuen wir uns auf die Zeit mit den Pferden? Macht uns irgendetwas Sorgen? Wenn wir uns auf die Zeit mit den Pferden freuen, dann werden wir (vermutlich) mit einem Lächeln aus dem Auto steigen und die Menschen, die uns begegnen, freundlich begrüßen. Im zweiten Fall sind wir eher in Gedanken versunken und gehen mit gesenktem Blick über den Hof, so dass wir die Menschen, die uns begegnen, vielleicht sogar übersehen. Beides kann sich unbewusst ereignen!

Gut zu wissen

Die Emotionen, denen wir im Alltag begegnen, begleiten uns, wenn wir uns auf den Weg zum Pferd machen. Wer unangenehme Gefühle unterdrückt, geht das Wagnis ein, dass sich diese just in der Begegnung mit dem Pferd Bahn brechen. Doch unangenehme Gefühle haben ihre Berechtigung und es macht Sinn, ihnen Raum zu geben – aber eben nicht ungefiltert im Stall!

Über die Themen Scham und Schuldgefühle wird – gerade in der Welt des Reitsports – viel zu wenig gesprochen. Doch wer sich damit auseinandersetzt, arbeitet aktiv an seiner Entwicklung. Wann haben Sie sich das letzte Mal für Ihr Verhalten geschämt? Wann wurden Sie das letzte Mal durch andere beschämt?

Unsere Emotionen und ihre Bedeutung

Wenn wir über unser Erleben und unser Verhalten nachdenken, dann spielen unsere Emotionen eine wesentliche Rolle, denn sie beeinflussen beides. Als Emotion wird der Teil eines Gefühls bezeichnet, der unmittelbar mit dem Körper verbunden ist. Dieser hat seinen Ursprung im Limbischen System, einem der ältesten Teile unseres Gehirns. Der Begriff »Gefühl« ist hingegen übergeordnet und umfasst neben den körperlichen auch die kognitiven Prozesse.

Wir alle kennen Emotionen und wir erleben sie täglich. In der Regel sind sie sehr individuell. Manche mögen wir und wir hätten gerne mehr von ihnen, andere sind uns unangenehm. **Wir unterscheiden vier Grundemotionen: Wut, Angst, Freude und Trauer.** Jede Grundemotion ist mit einer spezifischen körperlichen Reaktion verknüpft. Aus der Kombination dieser vier Grundemotionen entsteht unser gesamtes Emotionsrepertoire mit der kompletten Bandbreite an angenehmen und unangenehmen Emotionen. Es ist jedoch schwierig bis gefährlich davon zu sprechen, dass manche Emotionen besser sind als andere. Grundsätzlich sind sie zunächst einmal einfach da und jede einzelne hat ihre Berechtigung! Emotionen helfen uns dabei, Situationen einzuordnen, zu prüfen und auf sie zu reagieren. So haben zum Beispiel auch vermeintlich negative Emotionen wie Trauer, Wut und Angst ihren Zweck und helfen uns, uns in unserem Leben und unserer Welt zurechtzufinden.

Schwierig wird es in der Regel dann, wenn wir versuchen, die eher unangenehmen Emotionen zu ignorieren, zu leugnen oder zu verdrängen. Damit schaden wir uns und unserer Gesundheit und es besteht die Gefahr, dass sich die Emotion von der auslösenden Situation abkoppelt. Dann tragen wir sie mit uns herum, ohne dass noch ein Kontext zur Situation besteht. Irgendwann kann die Emotion dann an einer unpassen-

>*Es gibt keine guten oder schlech-
ten Gefühle, nur angenehme oder
unangenehme.*«

den Stelle aus uns herausbrechen. Wenn wir dieses Wissen auf den Kontext der Pferd-Mensch-Beziehung übertragen, dann bedeutet dies, dass die Gefahr besteht, dass das Pferd zum Blitzableiter und damit zum Opfer unserer unangemessenen Gefühlsausbrüche wird. Es liegt in unserer Verantwortung, es nicht zu einer solchen Situation kommen zu lassen.

In meiner Ausbildung zur Fachberaterin für Selbstfürsorge begegnete mir die »Geschichte von den zwei Wölfen«. Ich habe mir erlaubt, diese Geschichte auf zwei Hengste zu übertragen ...

Die Geschichte der zwei Hengste

Ein Vater erzählt seinem Sohn eine Geschichte: »Mein Sohn, in jedem von uns tobt ein Kampf zwischen zwei Hengsten. Der schwarze Hengst ist böse. Er kämpft mit Ärger, Neid, Eifersucht, Angst, Sorgen und vielem mehr. Der weiße Hengst ist gut. Er kämpft unter anderem mit Liebe, Freude, Frieden, Hoffnung, Gelassenheit und Vertrauen.«

Der Sohn fragt: »Und welcher der beiden Hengste gewinnt den Kampf?«

Der Vater antwortet: »Der, den du fütterst! Doch bedenke, wenn du nur den weißen Hengst fütterst, wird der schwarze hinter jeder Ecke lauern. Je weniger Aufmerksamkeit er bekommt, desto stärker wird er den weißen Hengst bekämpfen. Aber wenn du ihn auch beachtest, ist er glücklich. Damit ist auch der weiße Hengst glücklich und alle beide gewinnen. Das ist die große Herausforderung eines jeden von uns – das innere Gleichgewicht herzustellen.

Denn der schwarze Hengst hat auch viele wertvolle Qualitäten – dazu gehören Beharrlichkeit, Mut oder auch Willensstärke. Aspekte, die du in Zeiten brauchst, in denen der weiße Hengst nicht weiter weiß, denn er hat auch seine Schwächen.

Du siehst, der weiße Hengst baucht den schwarzen Hengst an seiner Seite. Beide gehören zusammen. Füttere beide und du musst deine Aufmerksamkeit nicht auf den inneren Kampf verwenden.«

Diese Geschichte verdeutlicht in meinen Augen sehr gut, wie wir mit den angenehmen und unangenehmen, den positiven und negativen, den schöpferischen und zerstörerischen Energien in uns umgehen können, damit alles in Balance bleibt.

Wenn man versucht, die unangenehmen Gefühle zu unterdrücken, steigt die Wahrscheinlichkeit, dass sie über kurz oder lang ihren Weg an die Oberfläche finden und dass es zu explosionsartigen Gefühlsausbrüchen kommt. Wer verhindern möchte, dass er selbst – oder das Pferd – unter einem solchen Ausbruch zu leiden hat, der sollte deutlich früher beginnen, einen gesunden Umgang mit seinen Gefühlen zu üben. Auch mit den angenehmen!

Wir sollten unsere eigene aktuelle Gefühlslage stets bewusst wahrnehmen und wir sollten diese in unsere Entscheidung, wie wir heute mit dem Pferd unterwegs sein wollen, einbeziehen. Das ist insbesondere dann relevant, wenn es uns gerade nicht so gut geht. Denn unangenehme Gefühle haben ihren berechtigten Grund und es macht Sinn, ihnen Raum zu geben. Im Anhang finden Sie Übung 3 zum Thema »Gefühle wahrnehmen und akzeptieren«.

Fokus: Scham und Schuldgefühle

Ich vermute, fast jeder Pferdemensch kennt Scham und Schuldgefühle im Umgang mit und in seiner Beziehung zum Pferd. In meiner Arbeit erlebe ich immer wieder, dass diese Gefühle sehr präsent sind, dass aber zu wenig über sie geredet wird. Dadurch gewinnen Scham und Schuldgefühle mehr Macht über uns als gut ist. Um dem aktiv zu begegnen, widme ich diesen beiden Gefühlen ein eigenes Kapitel.

Scham kann, nach Aussage des US-amerikanischen Psychiaters und Psychoanalytikers Léon Wurmser, der sich intensiv mit dem Thema beschäftigt hat, als die »Wächterin der menschlichen Würde« betrachtet werden.[19] Das bedeutet: Immer, wenn wir uns für etwas schämen, ist dies ein deutliches Anzeichen dafür, dass unsere Würde verletzt wurde oder Gefahr läuft, verletzt zu werden. Dabei ist es äußerst wichtig, zwischen Scham und Beschämung zu unterscheiden. Scham ist ein natürliches Gefühl aus dem Inneren eines Menschen heraus. Beschämung geschieht durch Verhöhnen von außen.

[19] Buchempfehlung zu Léon Wurmser im Quellen- und Literaturverzeichnis, S. 212

Scham kann verschiedene Ursachen haben. Folgt man dem deutschen Sozialwissenschaftler Stephan Marks, unter anderem spezialisiert auf Fortbildungen zum Thema Menschenwürde und Scham, dann gibt es vier verschiedene Bedürfnisse aufgrund deren Nichterfüllung Menschen Scham erleben können.[20] Alle vier sind außerdem prädestiniert dafür, sie zur Beschämung eines Menschen zu missbrauchen.

[20] Buchempfehlungen zu Stephan Marks im Quellen- und Literaturverzeichnis, S. 212

Übersicht über diese vier Bedürfnisse:

> *1. Bedürfnis nach Anerkennung:*
> Ich bin da – bitte nimm mich wahr
> *2. Bedürfnis nach Schutz:*
> Ich habe Grenzen – bitte achte sie

> 3. *Bedürfnis nach Zugehörigkeit:*
> Ich will dazu gehören – bitte lass mich teilhaben
> 4. *Bedürfnis nach Integrität:*
> Ich habe eine Meinung – ich stehe für meine Werte ein

Erstens: Bedürfnis nach Anerkennung

Jeder Mensch möchte gesehen und wahrgenommen werden. Dieses »gesehen werden« beginnt in der frühen Kindheit mit einem liebevollen Blick der Eltern und setzt sich im Verlauf des Lebens fort. Scham entsteht in diesem Kontext immer dann, wenn das Gefühl, nicht gesehen zu werden, überwiegt. Etwa, wenn ich immer Leistung bringen muss, um Anerkennung zu erhalten, wenn die längst anstehende Beförderung aufgrund guter Leistungen wieder an jemand anderen vergeben wurde, wenn man in der Stallgemeinschaft beim Aufbruch zu einem gemeinsamen Geländeritt nicht gefragt wird, ob man mitkommen möchte ...

All dem muss keine böse Absicht zugrunde liegen und ähnliches passiert vielen Menschen täglich. Die ausgelöste Scham hat die wichtige Funktion, darauf aufmerksam zu machen, dass unser Bedürfnis gesehen zu werden, nicht erfüllt wurde. Wir können auf dieser Basis aktiv werden und schauen, in welchem Rahmen wir die gewünschte Anerkennung bekommen können.

Zweitens: Bedürfnis nach Schutz

Ein zweites grundlegendes Bedürfnis, dessen Nichterfüllung zu Schamgefühlen führen kann, ist das Bedürfnis nach Schutz. Wenn unsere uns schützenden Grenzen verletzt werden, dann geschieht das in der Regel dadurch, dass etwas Privates oder Intimes öffentlich wird – etwas, von dem wir nicht wollen, dass es alle erfahren, wird nach außen getragen. Beispiel: Ich hatte gedacht, allein zu sein, während ich etwas mit meinem Pferd übe, was noch nicht gut klappt, nur um dann festzustellen, dass ich doch beobachtet worden bin ... Auch hier liegt nicht zwangsläufig eine böse Absicht eines anderen Menschen zugrunde. Manchmal sind es einfach die Umstände, die dazu führen, dass unsere Grenzen nicht gewahrt werden.

Die Scham erfüllt in diesem Fall die hilfreiche Funktion, uns darauf aufmerksam zu machen, dass hier eine Grenze überschritten wurde und ermöglicht es uns, uns in Zukunft besser zu schützen.

Drittens: Bedürfnis nach Zugehörigkeit

Auch dann, wenn wir das Gefühl haben, den Erwartungen anderer nicht gerecht zu werden, und damit einhergehend zu einer Gruppe, zu der wir gerne gehören wollen, nicht dazuzugehören, kann das Scham auslösen. Dafür reicht es vollkommen, dass wir dieses Gefühl haben, es muss gar nicht tatsächlich so sein. Es kann aber auch reale Situationen der Ausgrenzung oder des ausgelacht werdens geben, weil man sich anders verhält, als »man« das eben macht. Die Funktion der Scham ist es hier, uns darauf aufmerksam zu machen, dass wir uns, um zu einer Gruppe zu gehören, an die Regeln der entsprechenden Gruppe halten müssen. Das ist erstmal nichts Schlechtes: Zu einer Gruppe zu gehören, sichert das Überleben des sozialen Lebewesens Mensch! Gruppendruck kann aber auch ins Gegenteil umschlagen und zu Überanpassung führen.

Auch Pferdemenschen kennen diesen Gruppendruck. Egal, in welcher Reiterszene man sich bewegt, die zugrunde liegenden Normen und die Vorstellung davon, wie »man« mit einem Pferd umzugehen hat, sind ein entscheidendes Merkmal dafür, ob man dazu gehört oder nicht.

*»Im Reitstall entsteht Gruppen-
druck – gehören wir dazu oder
nicht? Wollen wir überhaupt
dazugehören?«*

Pferdemenschen, die einen anderen als den von der Peer-
group vorgegebenen Umgang mit ihrem Pferd pflegen oder
pflegen wollen, stoßen immer wieder auf Unverständnis und
laufen Gefahr, ausgegrenzt zu werden. Dabei ist es oft zweit-
rangig, ob dieser andere Weg auf der Basis einer bewussten
Entscheidung und eines bewussten »anders« entsteht, oder
eher auf der Basis eines unbewussten Handelns und nicht anders können oder wissen.

Mit der aus derartigen Situationen entstehenden Scham
bewusst und aktiv umzugehen, ist eine wichtige Basis, um
selbstbewusst den eigenen Weg mit dem Pferd gehen zu können. Das bedeutet, sich der eigenen Scham bewusst zu werden
und den Warnhinweis der Scham ernst zu nehmen. Denn so
kann die eigene Vorgehensweise hinterfragt werden:

> *Möchte ich zu der Gruppe, deren Normen ich nicht (mehr)
>   erfülle, wirklich (noch) dazu gehören?*
> *Und wenn ja: Ist es wirklich unabdingbar, für diese Zuge-
>   hörigkeit diese Normen zu erfüllen?*
> *Finde ich eventuell andere Gruppen, zu denen ich mich zu-
>   gehörig fühlen kann und zu denen meine eigenen Normen
>   und Werte besser passen?*

Genau das führt uns zum vierten Grundbedürfnis:

Viertens: Bedürfnis nach Integrität

Unser Bedürfnis nach Integrität wird dann verletzt, wenn
wir unseren eigenen Werten nicht gerecht werden. Das kann
zum Beispiel passieren, wenn wir auf eine Art und Weise mit
unserem Pferd umgehen, die gegen unsere Werte verstößt.

Etwa, weil wir hoffen, so zu einer – für uns wichtigen – Gruppe dazuzugehören oder auch, weil wir mit einer Situation überfordert sind. Stephan Marks bezeichnet die auf diesem Weg entstehende Scham als die »Scham der Täter«. Sie wird häufig von Gewissenskonflikten und Schuldgefühlen begleitet.

Die Scham, die aus verletzter Integrität heraus entsteht, macht uns im Grunde darauf aufmerksam, dass wir unseren eigenen Weg aus den Augen verloren haben oder dabei sind, ihn aus den Augen zu verlieren, und dass wir gegen unsere eigene Überzeugung handeln.

Exkurs: Schuldgefühle im Umgang mit dem Pferd

Im Kontext der Beziehung zum Pferd werden viele Pferdemenschen Schuldgefühle kennen. Wenn wir mal wieder in alte Muster zurückgefallen sind und das Pferd vielleicht unfair behandelt haben, wenn wir es aufgrund von Zeitmangel nicht schaffen, dem Bewegungsbedürfnis unseres Pferdes ausreichend gerecht zu werden und so weiter ...

Diese Schuldgefühle haben eine entscheidende Botschaft für uns – und für unsere Entwicklung. Sie machen deutlich, dass etwas schiefgelaufen ist, dass wir uns anders verhalten haben, als wir das eigentlich gerne würden, dass wir vielleicht einen Fehler gemacht haben.

All diese Erkenntnisse sind im Moment vermutlich schmerzhaft, aber letztlich ermöglichen sie unsere Weiterentwicklung. Wir lernen zu erkennen, was uns wirklich wichtig ist und können unser Verhalten entsprechend anpassen.

Das Schöne und Besondere an unserem Beziehungspartner Pferd: Dieser gibt uns immer wieder neue Chancen. Wenn wir bereit sind, den Lernhinweis ernst zu nehmen und uns persönlich weiterentwickeln, dann wird das Pferd uns unsere Fehler nicht nachtragen. Auch wir sollten nicht nachtragend sein, vor allem nicht uns selbst gegenüber.

Sich darin zu üben, die eigene Fehlbarkeit anzunehmen und sich selbst zu vergeben, ist hilfreich, wenn es darum geht, aus begangenen Fehlern zu lernen. Nur weil ein Fehler geschehen ist, heißt das nicht, dass dieser die Beziehung zerstört. Viel entscheidender ist oft, wie wir mit dem Fehler umgehen.

Hier ein paar Fragen, mit denen wir uns beschäftigen können, wenn wir uns unserem Pferd gegenüber schuldig fühlen:

> *Welches ist – ganz konkret – das Verhalten bzw. die Situation, für die ich mich gerade schuldig fühle?*
> *Wer gibt mir die Schuld und von wem bräuchte ich Vergebung, damit ich mich wieder besser fühle?*
> *Was kann ich aktiv tun, damit eine ähnliche Situation möglichst nicht mehr auftritt?*

Wichtig: Es geht nicht darum, Scham oder auch Schuldgefühle zu vermeiden – beides kann ein wichtiger Antrieb für Lernerfahrungen sein! Es geht darum, überflüssige Scham zu vermeiden und andere nicht zu beschämen!

Wie reagieren Menschen, wenn sie sich schämen?

Menschen haben unterschiedliche Strategien, wie sie mit dem Gefühl von Scham umgehen. Einige sind förderlich für Entwicklung und Wachstum, andere verschieben das Problem eher an andere Stellen und lösen es nicht wirklich.

Einige verbreitete **Scham-Abwehrmechanismen** (nach Stephan Marks) zu kennen, ist hilfreich. Sei es, um zu erkennen, wann ich mir selbst im Weg stehe, aber auch, wann sich

Menschen, mit denen ich arbeite, vielleicht gerade in einer gefühlt ausweglosen Schamsituation befinden und aus diesem
Gefühl heraus agieren.

*Es gibt eine Reihe von Scham-Abwehrmechanismen – hier
eine kleine Auswahl:*
> *Andere werden dazu gebracht, sich zu schämen:*
  Ich beschäme lieber, als selbst meine Scham zu fühlen.
> *Verwendung einer unverständlichen und komplizierten
  Ausdrucksweise, um sich unangreifbar zu machen:*
  *Lieber sollen sich die anderen inkompetent fühlen,
  als dass ich mich selbst schäme.*
> *Aktivität und Aggression überlagern die Scham:*
  *Ich bin lieber aktiver Angreifer, als die ohnmächtige Scham
  auszuhalten. Das kann sich zum Beispiel in Form von Trotz,
  Wut oder Gewalt äußern.*
> *Möglichst unauffällig und unsichtbar sein:*
  *Ich bin lieber gar nicht sichtbar und gebe mich eher selbst
  auf, als Gefahr zu laufen, beschämt zu werden.*
> *Fehler werden vertuscht:*
  *Bevor ich mich schämen muss, weil ich einen Fehler ge-
  macht habe, lüge ich lieber und suche nach Ausreden und
  Rechtfertigungen oder weise anderen die Schuld zu.*

**Wir können das Schamgefühl als eine Art Wächter ver-
stehen, der darauf achtet, dass die Grundbedürfnisse nach
Anerkennung, Schutz, Zugehörigkeit und Integrität ausreichend befriedigt werden.** Dieser schlägt Alarm, wenn die
Würde eines Menschen verletzt wurde. Auf Basis der Spiegelneuronen (dazu mehr im Kapitel »*Vertrauen folgt auf Selbstvertrauen*«, Seite 175) sowie der Empathie sind wir in der Lage,
Scham anderer Menschen wahrzunehmen. Und wir sind in der
Lage uns Fremdzuschämen, etwa wenn wir Dinge beobachten,

die unsere eigenen Schamgrenzen überschreiten. Nur wenn sich die vier Grundbedürfnisse (Anerkennung, Schutz, Zugehörigkeit und Integrität) in Abhängigkeit von der jeweiligen Situation im Gleichgewicht befinden, entsteht ein Raum, der frei von Scham ist.

Ziel sollte es sein, diesen Raum auf der einen Seite sich selbst, auf der anderen Seite aber auch anderen zu ermöglichen.

Gut zu wissen

Manche Menschen bewältigen schwierige Lebenssituationen besser bzw. schneller als andere oder gehen sogar gestärkt aus ihnen hervor – man nennt das Resilienz. Jeder und jede kann an der eigenen Resilienz arbeiten. Pferde sind dabei die idealen Partner. Krisen entspannter zu meistern, kann gelingen!

Resilienz – wie wir Widrigkeiten begegnen

In unserem Alltag aber auch in unserem Umgang mit Pferden gibt es immer wieder Situationen, die uns herausfordern. Krisen tauchen plötzlich und unvorhergesehen auf und wir haben es nicht immer selbst in der Hand, diese zu bewältigen. Unsere Gesellschaft wird immer schneller, immer mehr Herausforderungen in immer kürzerer Zeit fordern unsere Energie, alles ist immer in Bewegung.

Umso wichtiger – sowohl für unseren Alltag als auch für unser Zusammensein mit den Pferden – ist es, **dass wir eine gewisse Widerstandskraft entwickeln, die uns dabei hilft, solche Krisen gut zu überstehen.** Denn wenn wir in der Beziehung zu unserem Pferd auch in schwierigen Situationen souverän sein wollen, dann ist Resilienz genau das, was uns dabei helfen kann!

Resilienz – oder umgangssprachlich auch »das Immunsystem der Seele« genannt – beschreibt die Fähigkeit von Personen oder auch Gemeinschaften, schwierige Lebenssituationen wie Krisen oder Katastrophen ohne dauerhafte Beeinträchtigung zu überstehen.

Menschen sind mit dieser Fähigkeit sehr unterschiedlich ausgestattet und die Forschung versucht immer wieder herauszufinden, worauf sich dieser Unterschied begründet. Also warum sich zum Beispiel Kinder, die in objektiv vergleichbaren schwierigen Verhältnissen aufwachsen, teilweise völlig unterschiedlich entwickeln. So gibt es beispielsweise Menschen, die auch unter den widrigsten Umständen glücklich leben und andere, bei denen kleinere Unstimmigkeiten und Krisen bereits zu großen Schwierigkeiten führen. Leider gibt es noch keine wirkliche Antwort darauf, warum das so ist. Allerdings liegt die Vermutung nahe, dass es manchmal einzelne – von außen klein erscheinende – Aspekte sind, die für die jeweilige Person einen großen Unterschied machen. Etwa der eine Lehrer, der in der Grundschule an ein Kind geglaubt hat, oder die

»Resilienz: In guten Zeiten stärken – und in schlechten Zeiten davon profitieren.«

Chance, sich in seiner Freizeit in einem Reitstall mit Pferden beschäftigen zu können.

Wer resilient ist, hat auch in stressigen Zeiten das Gefühl, durch sein eigenes Handeln die Situation beeinflussen zu können und damit Krisen schneller zu bewältigen. Aber Resilienz wirkt auch stabilisierend und präventiv in Zeiten, die nicht krisenhaft sind. Die Resilienz in guten Zeiten zu stärken, bereitet uns auf den Fall vor, in dem wir sie dringend brauchen.

Resilienz äußerst sich unter anderem durch einen optimistischen Blick auf die Welt, eine gesunde Kontrolle über die eigenen Emotionen sowie durch ein großes Vertrauen in die persönlichen Stärken. Gleichzeitig sind Menschen mit einer ausgeprägten Resilienz in der Lage zu erkennen, wann sie Hilfe benötigen, und sie sind auch bereit, diese anzunehmen.

Auf dieser Basis ist es möglich, Veränderungen gelassener zu nehmen, die eigenen Handlungsspielräume zu nutzen und Probleme nicht nur ernst zu nehmen, sondern auch gezielt nach passenden Lösungen zu suchen. Und selbst wenn etwas schief geht, gelingt es resilienten Menschen, das nicht zu sehr auf die eigene Persönlichkeit zu beziehen, sondern realistisch einzuschätzen, eigenverantwortlich zu handeln und so nicht Opfer der Umstände zu werden.

Resilienz als Wagen mit vier Rädern ...

Es gibt zahlreiche Resilienzmodelle mit unterschiedlichen Erklärungen und Einflussfaktoren. Ich habe mich dafür entschieden, den Vorstellungen des Diplom-Psychologen Wolfgang Roth[21] zu folgen, der Resilienz als Wagen mit vier Rädern beschreibt. Im Unterschied zu den meisten anderen Modellen bezieht Roth neben psychischen Faktoren und dem Umfeld, in dem sich ein Mensch bewegt, auch den Körper und mit dem

[21] *Buchempfehlung zu Wolfgang Roth im Quellen- und Literaturverzeichnis, S. 212*

»Sinn« auch eine spirituelle Ebene ein. Für mich ist es eines der aktuell umfassendsten Resilienzmodelle, welches die Vielschichtigkeit des Themas gut verdeutlicht und gleichzeitig auf den Punkt bringt.

Erstes Rad: Körper (bio)

Unser Körper ist ein die Resilienz wesentlich beeinflussender Faktor. Wenn wir gesund, ausgeruht und gut genährt sind, wenn wir uns ausreichend bewegen und keine Schmerzen haben, dann sind die Grundvoraussetzungen optimal.

Nicht alles, was unseren Körper und sein Wohlbefinden angeht, haben wir selbst in der Hand. Krankheit, Schmerzen oder Umwelteinflüsse können uns auch dann treffen, wenn wir bestmöglich für unseren Körper sorgen. Aber wir können uns kompetente Begleitung dabei holen, gut auf dieses Rad zu achten.

Um dieses Rad unseres Resilienzwagens zu unterstützen, ist es sinnvoll, sich ausgewogen und gesund zu ernähren, auf ausreichend Bewegung und Schlaf zu achten und sich insgesamt gut um den eigenen Körper zu kümmern.

Zweites Rad: Umfeld (sozio)

In einem guten sozialen Umfeld eingebunden zu sein, ist ein wesentlicher Aspekt von Resilienz. Menschen als soziale Wesen sind darauf angewiesen, sich gegenseitig zu unterstützen.

Das Resilienz-Rad unseres Umfeldes speist sich aus unserer Ursprungsfamilie, aus früheren und aktuellen Partnerschaften sowie aus Freunden, Kollegen und der Gesellschaft, in der wir leben. Soziale Erfahrungen – positive wie negative – prägen uns und beeinflussen unsere Verhaltensweisen im Alltag.

Besonders dann, wenn wir unter Stress leiden oder in einer schwierigen Situation sind, greifen wir automatisch auf Verhaltensmuster zurück, die von unserer sozialen Prägung beeinflusst sind. Genau diese Situationen sind es auch, in denen unser soziales Netz für uns wichtig ist. Allerdings hilft es bei Stress nicht nur, Hilfe von außen anzunehmen. Auch anderen Menschen Hilfe anzubieten und sie zu unterstützen, stärkt die Resilienz.

Dabei sind sowohl die qualitativen Faktoren der Beziehung (Grad der emotionalen Nähe) von Bedeutung als auch die quantitativen Faktoren (Häufigkeit der Kontakte und die Anzahl der Verbindungen).

Um dieses Rad unseres Resilienzwagens gut und aktiv zu pflegen, ist es hilfreich, sich mit Menschen zu umgeben, die sich gegenseitig unterstützen. Neben der eigenen Familie und dem engeren Freundeskreis kann das zum Beispiel auch eine Stallgemeinschaft sein.

Drittes Rad: Psyche

Das Psyche-Rad der Resilienz besteht aus den Erfahrungen, die wir im Laufe unseres Lebens gemacht haben, aus unseren Glaubenssätzen, dem Vertrauen in uns selbst und unserem (Selbst-)Mitgefühl.

Als Glaubenssätze werden tief verankerte – positive oder negative – Annahmen bezeichnet, die wir über uns selbst, über andere Menschen und über die Welt, in der wir leben, treffen. Oft stammen diese Glaubenssätze, die sich auf unser Verhalten auswirken, aus der Kindheit und sind von unseren Eltern und anderen engen Bezugspersonen geprägt.

Glaubenssätze beziehen sich besonders häufig auf die Bereiche Selbstwert, Beziehungen und Kompetenzen. Alles drei sind wiederum Bereiche, die einen starken Einfluss auf unsere

Resilienz haben. Etwa, wenn wir grundsätzlich das Vertrauen haben, dass wir mit unseren Kompetenzen und Stärken in der Lage sind, Herausforderungen zu bewältigen und dass wir selbst einen positiven Einfluss auf unser Leben nehmen können.

Auch welche Erwartungen wir an die Welt haben, also ob wir grundsätzlich davon ausgehen, dass uns Positives widerfahren wird, und ob wir uns in unserem Leben eher auf die positiven oder die negativen Aspekte fokussieren, beeinflusst unsere Resilienz.

Wenn wir von Mitgefühl sprechen, dann meinen wir in der Regel die »Fähigkeit zum Einfühlen und Nachempfinden der Erlebnisse und Gefühle anderer«.[22] Genauso wichtig wie das Mitgefühl für andere Lebewesen ist für unsere Resilienz allerdings das Mitgefühl für uns selbst. Dieses stärkt unseren milden Blick auf uns und auf unser Leben, auch wenn es gerade mal schwierig ist, und hilft uns dabei, Dinge, die wir nicht ändern können, zu akzeptieren.

Um dazu beizutragen, dass dieses Rad unseres Resilienzwagens gut versorgt ist, können wir an unseren Glaubenssätzen und an unserem Blick auf uns selbst, aber auch auf die Welt, arbeiten.

Viertes Rad: Sinn (spirituell)

Wenn wir uns dem Sinn – oder auch dem Spirituellen – zuwenden, dann besteht dieses Rad aus unseren Werten, Träumen und Bedürfnissen, aber auch aus dem Urvertrauen, das wir mitbringen, sowie aus unserem Glauben.

Zusammengefasst geht es bei diesem Rad vorrangig darum, ob wir unser Leben als sinnerfüllt und nachvollziehbar erleben. Vielleicht erinnern Sie sich an das Salutogenesemodell von Aaron Antonovsky aus dem Kapitel »Motivation bei Pfer-

[22] Weitere Infos im Anhang II in der Rubrik Links, S. 211

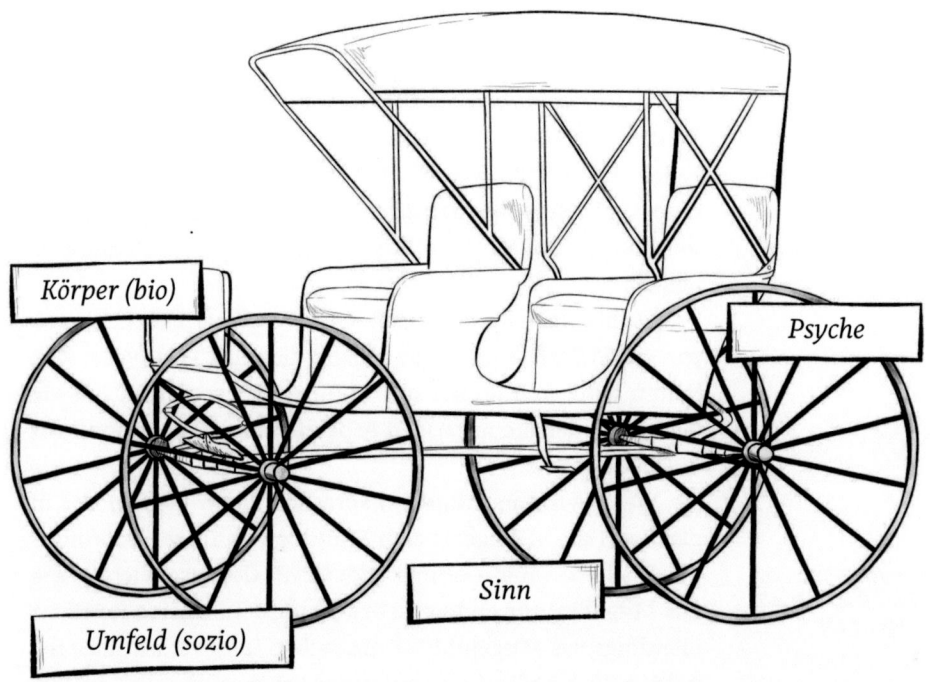

Körper (bio)

Psyche

Sinn

Umfeld (sozio)

Das Modell von Wolfgang Roth beschreibt Resilienz als Wagen mit vier Rädern. Jedes der Räder steht für einen Aspekt der Resilienz. Nur wenn alle vier Aspekte ausreichend gut versorgt sind, die vier Räder also alle intakt sind, kann der Wagen fahren.

den«: Das beschriebene Kohärenzgefühl mit den drei Wirkfaktoren Verstehbarkeit, Handhabbarkeit und Sinnhaftigkeit wirkt sich sowohl auf unsere Motivation als auch auf unsere Gesundheit und unser Wohlbefinden – und damit auch auf unsere Resilienz – aus.

Entscheidend ist an dieser Stelle, dass Sinnerleben nicht etwas ist, das uns von außen gegeben ist, sondern etwas, das wir selbst in die Hand nehmen können. Hermann Hesse formuliert dazu sehr stimmig: »Wir verlangen, das Leben müsse einen Sinn haben – aber es hat nur ganz genau so viel Sinn, als wir selber ihm zu geben imstande sind.«

Jemand, der das Gefühl hat, ein sinnerfülltes Leben zu führen, den eigenen Werten entsprechend zu leben und seine Bedürfnisse befriedigen zu können, ist resilienter als jemand, der gegen eigene Überzeugungen und Bedürfnisse handelt und sich in einem gefühlt sinnlosen Leben bewegt. Es sind also letztlich oft unsere eigenen Entscheidungen, die dieses Rad rund laufen lassen.

Der Wagen fährt nur, wenn alle vier Räder intakt sind

Wenn wir uns das Bild anschauen, das für die Erklärung dieses Modells herangezogen wird – der Wagen mit vier Rädern – dann wird deutlich, dass wir nur dann wirklich resilient sein können, wenn alle vier Teilbereiche gut versorgt sind.

Letztlich ist es also das Zusammenspiel aller vier Bereiche, das dazu führt, dass eine Person mit Herausforderungen und Schicksalsschlägen gut umgehen kann. Lediglich einzelne Faktoren losgelöst von den anderen in den Blick zu nehmen und zu stärken, in der Hoffnung, dadurch resilienter zu werden, ist leider wenig erfolgsversprechend.

Wenn wir unsere Resilienz stärken wollen, gilt es außerdem zu beachten, dass sich diese im dynamischen Zusammenspiel mit der Umwelt entwickelt und dass sie sich gemeinsam mit uns im Verlauf der Lebensphasen verändert. Wenn wir Resilienz als Prozess verstehen, dann wird deutlich, dass wir nicht ein Mal »resilient werden«, um es dann den Rest unseres Lebens zu bleiben. Und Resilienz ist auch nichts, was uns davor schützt, krisenhafte Situationen zu erleben. Sie kann uns aber dabei unterstützen, diese Krisen zu meistern und im besten Fall gestärkt aus ihnen hervor zu gehen und an ihnen zu wachsen.

Pferde als Begleiter auf dem Weg zu mehr Resilienz

Pferde können Menschen beim Aufbau von Resilienz begleiten. Ich schreibe absichtlich nicht »unterstützen«, denn das suggeriert, dass zu viel Verantwortung beim Pferd liegt und zu wenig (Selbst-)Verantwortung bei uns.

Wenn wir Zeit mit Pferden verbringen, dann ist das oft mit Bewegung an der frischen Luft verbunden – das wiederum zahlt auf unser Körper-Rad der Resilienz ein. Allein die Anwesenheit von Pferden kann dazu führen, dass wir loslassen und »runterfahren« können. Diese Pause kann, wenn wir es zulassen, einfach durch den Kontakt zum Pferd entstehen, ohne dass irgendetwas passieren muss.

Soziale Beziehungen stärken unsere Resilienz – die Beziehung zu einem Tier, in unserem Falle einem Pferd, hat einen vergleichbaren Effekt. Durch die Beziehung zum Pferd und dadurch, dass wir dieses versorgen, machen wir die Erfahrung, dass das eigene Handeln sinnvoll, wichtig und wirksam ist und dass durch dieses Handeln die jeweilige Situation gut bewältigt werden kann.

Pferde sind einfühlsam und empathisch. Gemeinsam mit einem solchen Gegenüber kann es uns gelingen, sowohl soziale Unterstützung zu erleben als auch zu schenken. Außerdem können wir uns im Miteinander mit Pferden in Mitgefühl und Selbstmitgefühl üben. Auch wenn es uns beispielsweise gerade schwerfällt, uns selbst positiv zu sehen, bleibt der Blick der Pferde auf uns stets gleich. Sie sehen uns, wie wir sind und nicht, wie wir uns sehen wollen oder müssen.

Wie zu Beginn des Buches beschrieben, steckt im Pferd eine starke Symbolkraft für uns Menschen. In vielen alten Kulturen hatten die Pferde einen hohen spirituellen Wert und waren beispielsweise für die regelmäßige Wiederkehr der lebenspendenden Sonne »verantwortlich«. Heute können uns Pferde dabei begleiten, das vierte Rad unseres Resilienzwagens zu stärken und uns mit dem gefühlten Sinn in Kontakt zu bringen.

Im pferdegestützten Coaching erlebe ich immer wieder, wie es den Pferden gelingt, uns Menschen mit unserem eigenen Sinn (des Lebens) in Verbindung zu bringen. Vor allem dann, wenn wir das Gefühl haben, diesen verloren zu haben.

Gut zu wissen

Zum Glück sind wir (in jedem Lebensalter) in der Lage uns weiterzuentwickeln. Achtsamkeit unterstützt uns dabei, ins Hier und Jetzt zu kommen. Wir können Achtsamkeit jederzeit einsetzen und wir können jederzeit damit beginnen, diese zu erlernen.

Achtsamkeit, eine Lebenshaltung

Bei meiner Arbeit als Coach erlebe ich immer wieder, dass Menschen mit so vielen Dingen gleichzeitig beschäftigt sind, dass sie vergessen – oder verlernt haben – im Hier und Jetzt zu sein. Das unterscheidet uns Menschen stark vom Beziehungspartner Pferd!

Dabei ist das »im Moment sein« ein sehr wirksames Mittel, um Stress und Unwägbarkeiten des Lebens besser begegnen zu können. Durch Achtsamkeit stärken wir viele Aspekte unserer Resilienz. Achtsamkeit ist dabei für mich weniger eine Methode als eine Lebenshaltung.

Achtsamkeit kann helfen:
> *im Hier und Jetzt zu sein – sie erhöht unsere Präsenz*
> *besser mit Stress umzugehen.*
> *die eigenen Gedanken und Bedürfnisse bewusst wahrzunehmen.*
> *aus dem Reiz-Reaktions-Muster auszusteigen und bewusste Entscheidungen zu treffen.*
> *auch unangenehme Erfahrungen anzunehmen und zu akzeptieren – wir müssen nicht gegen sie ankämpfen und das wiederum setzt Energien für andere Dinge frei.*

Im Folgenden finden Sie eine Zusammenfassung der wichtigsten und für unseren Bereich relevanten Aspekte des umfangreichen Themas Achtsamkeit. Im Anhang finden sich, falls Sie tiefer in das Thema eintauchen wollen, Empfehlungen für weiterführende Literatur sowie eine Übung.

In unserer leistungsorientierten Welt kann es passieren, dass wir vergessen, dass wir selbst es sind, die entscheiden, wohin wir unsere Aufmerksamkeit lenken und welche Handlungen wir ausführen.

Uns an diese Fähigkeit zu erinnern und diese zu schulen, liefert eine große Kraft. Sie kann uns dabei unterstützen, der

»Achtsamkeit erleichtert den Weg durchs eigene Leben.«

Welt, die uns umgibt, und der Weisheit unseres Herzens besser zuzuhören.

Achtsamkeit – und das ist das fantastische daran – ist eine geistige Fähigkeit, über die wir alle verfügen.

Achtsamkeit bedeutet, jeweils nur ein Ding zu machen. Das kann zur Folge haben, dass wir langsamer werden, um in Ruhe wahrzunehmen, was um uns herum passiert und welche Empfindungen das bei uns auslöst. Aber wir können Dinge auch schnell machen und trotzdem achtsam sein.

Achtsamkeit ist keine Anstrengung, sondern ein »Sich-hinein-entspannen« in den Moment – ein Loslassen in den Augenblick. Allerdings sind viele von uns nicht geübt darin, dieses »sich in den Moment hinein entspannen« auch tatsächlich zu tun.

Achtsamkeit ist überall und in jedem Moment möglich. Achtsamkeit bedeutet nicht, still zu sitzen und nichts zu tun. Du kannst deinen Atem betrachten, achtsam gehen, achtsam dein Pferd putzen und achtsam reiten.

Achtsamkeit schaltet eine Unterbrechung zwischen Reiz und Reaktion. Normalerweise erfolgen unsere Reaktionen automatisch. Durch Achtsamkeit lösen wir diese automatischen Reaktionen auf oder lockern sie. Dadurch wird unser Handlungsspielraum größer, wir reagieren freier und angemessener.

Achtsamkeit ist eine Qualität, die wir für unser Leben brauchen. Wenn wir Achtsamkeit aufbringen, können wir bewusst empfinden. Wenn wir achtsam sind, dann können wir uns und unser Verhalten ins bewusste Wahrnehmen holen. Genau in dem Moment, in dem wir uns unser Verhalten bewusst machen und es aktiv gestalten, wird es zu einer Handlung.

Achtsamkeit führt zu immer stärkerer Präsenz. Wir wenden uns mit Sorgfalt den Dingen zu, wir empfinden deutlicher. Es entstehen Klarheit und Vitalität. Wir entwickeln eine höhere Lebensenergie.

Bei Achtsamkeit geht es darum, uns selbst und unser Empfinden und Verhalten zu beobachten. Dieses Empfinden nicht zu bewerten kann sehr hilfreich sein. Zum Beispiel, weil es plötzlich in Ordnung ist, müde zu sein, oder aufgedreht oder ärgerlich. Dass etwas in Ordnung ist, bedeutet aber nicht, dass es uns gleichgültig ist. Vielmehr können wir auf der Basis von Achtsamkeit Mitgefühl für uns und unsere Umgebung entwickeln.

Achtsamkeit reduziert den Druck, dass die Dinge immer anders sein müssen, als sie gerade sind. Das hat zur Folge, dass wir wieder mehr auf uns selbst vertrauen und auch darauf, dass wir einen Weg durch die Unwägbarkeiten des Lebens finden können. Wenn wir uns und unsere Bedürfnisse auf diese Art und Weise selbstbewusst wahrnehmen, dann können wir für uns und für andere – auch für unsere Pferde – besser sorgen.

Achtsamkeit hat viel mit innerer Ruhe zu tun. Doch im Alltag gehen wir immer wieder »verloren«, wir verstricken uns regelmäßig in Gedanken und Gefühlen.

Das Folgende hilft dabei, um immer wieder ins Hier und Jetzt zu kommen:
> *den Atem spüren*
> *sich im Sitzen spüren*
> *beim Gehen die Füße wahrnehmen*
> *den Körper scannen*
> *auf Geräusche achten*
> *immer wieder einen Satz wiederholen*

Gut zu wissen

Mit Embodiment arbeiten wir überaus wirksam an unserer inneren Haltung. Darauf aufbauend können wir dann gezielt die Beziehung zu unserem Pferd gestalten.

Eine hilfreiche Methode: Embodiment

Wie im Kapitel »*Unsere Welt – ein Konstrukt*« (Seite 111) beschrieben, lässt sich unsere innere Haltung durch unsere äußere Haltung beeinflussen. Dieser wechselseitige Zusammenhang wird unter dem Begriff *Embodiment*[18] zusammengefasst.

[18] *Buchempfehlung zum Thema Embodiment im Quellen- und Literaturverzeichnis, S. 212*

Embodiment kann helfen:
> *sich in eine gewünschte Gemütsverfassung zu bringen.*
> *die eigene Stimmung und innere Haltung in unserem Sinne zu beeinflussen.*

Wenn wir von »Embodiment« sprechen, dann meinen wir die »Verkörperung« von Wissen. Es geht darum, wie unser Körper auf Informationen und Situationen reagiert. Es geht aber auch darum, wie wir durch unseren Körper, unsere Körperhaltung oder durch Bewegung neue Informationen und Deutungen in Situationen hineingeben können.

Diese Idee setzt voraus, dass wir uns und unser Verhalten ganzheitlich betrachten und dass wir ganz grundsätzlich davon ausgehen, dass sich nicht nur unsere innere Haltung auf die äußere Haltung auswirkt, sondern dass dies mit unseren Handlungen und Gefühlen verknüpft ist. Und »verknüpft« bedeutet in diesem Zusammenhang, dass sie tatsächlich im gleichen neuronalen Netz in unserem Gehirn miteinander verbunden sind. Eines bedingt das andere und andersherum.

Dass sich unsere Gemütsverfassung auf unsere Körperhaltung auswirkt, ist sehr leicht nachvollziehbar. Wenn es uns schlecht geht, haben wir eine andere Körperhaltung als wenn es uns gut geht. Interessant wird es, wenn wir davon ausgehen, und in psychologischen Studien wurde dies belegt, dass der Zusammenhang auch andersherum funktioniert: Wenn wir eine entsprechende Körperhaltung einnehmen, dann verändert sich auch unsere Stimmungslage.

»Welche gewünschte innere
Haltung möchten Sie einnehmen?«

Den ganzen Tag vor dem Computer auf einem Stuhl zu sitzen, zwingt uns eher in eine Körperhaltung, die unsere Stimmung »drückt«. Vielleicht haben Sie schon einmal erlebt, dass Sie nach einem besonders langen Tag im Büro und dann vielleicht noch bei schlechtem Wetter erst einmal nicht so motiviert waren, in den Stall zu fahren. Wenn Sie sich dann dennoch aufraffen und in Bewegung kommen, wenn Sie Ihrem Pferd begegnen, es mit großen ausladenden Bewegungen putzen – plötzlich geht es Ihnen besser!

Mit Embodiment können wir eine gewünschte innere Verfassung in Form von Körperbewegungen für uns selbst erlebbar machen – auch wenn man diese vielleicht zum Beginn der Übung noch nicht spürt. **Dabei geht es zunächst darum, die gewünschte innere Haltung zu identifizieren und zu verbalisieren.** Sie müssen also genau wissen, WIE Sie sich gerne fühlen wollen. Am besten formulieren Sie dafür einen möglichst konkreten Satz. Der so entstandene (Ziel-)Satz dient als Grundlage für die Entwicklung einer Bewegungsabfolge, die – von außen betrachtet – durchaus Ähnlichkeiten mit einer Yoga- oder Thai-Chi-Übung haben kann. Diese Körperbewegung kann eingesetzt werden, um sich mit der gewünschten inneren Haltung zu verbinden und diese zu stärken. Sei es im Alltag, aber auch in der Beziehung zum Pferd.

Wenn wir über die Kraft des Embodiments Bescheid wissen, dann können wir dieses Wissen nutzen, um für uns selbst – und damit für unsere Begegnung mit dem Pferd – an unserer äußeren und, damit verbunden, an unserer inneren Haltung zu arbeiten. Es kann uns mit Hilfe des Embodiments gelingen, unsere Stimmung und Haltung in unserem Sinn zu beeinflussen. Das eröffnet uns in der Beziehung und im Umgang mit dem Pferd viele Möglichkeiten. Wenn wir Embodiment einsetzen wollen, dann vergegenwärtigen wir uns zunächst, in welche konkrete Verfassung wir uns versetzen möchten. Zu dieser gewünschten inneren Haltung wird dann ein passendes Embodiment, eine passende »Verkörperung«, erarbeitet. Entscheidend an diesem Prozess ist, dass diese »Verkörperung« individuell gestaltet und erarbeitet wird. Es gibt kein *»So muss das sein«* oder *»Das macht man aber so«* Es gibt nur ein: *»Das FÜHLT sich FÜR MICH stimmig an.«* Mit einer so erarbeiteten individuellen Bewegung kann es leichter gelingen, sich mit der gewünschten inneren Haltung zu verbinden und aus dieser heraus die Beziehung zum Pferd zu gestalten.

Eine erste Übung zum Thema »Embodiment« finden Sie im Anhang. Wer tiefer einsteigen möchte, dem empfehle ich, sich an einen entsprechend spezialisierten Coach zu wenden. Unter Anleitung und mit den richtigen Hilfestellungen ist diese Methode am einfachsten zu erlernen.

Embodiment für Pferde

Der Grundsatz *»Bewege dich, wie du dich fühlen willst«*, gilt auch für Pferde. **Auch Pferde haben bestimmte Körperhaltungen, die sie in Abhängigkeit von ihrer aktuellen Stimmung und Energielage einnehmen.** Diese Körperhaltungen helfen uns einerseits dabei zu erkennen, wie es einem Pferd gerade geht. Andererseits können wir diese auch einsetzen, um ein Pferd beispielsweise dabei zu unterstützen, seine Angst zu überwinden, sich zu beruhigen oder mit Freude, Spaß und Motivation bei der Sache zu sein.

Wenn wir Embodiment fürs Pferd einsetzen möchten, ist es hilfreich, uns diese Fragen zu stellen:

> *Welche Körperhaltung, welche Ausstrahlung hat das Pferd, wenn es die Energie hat, die ich ihm gerade wünsche?*

> *Wie kann ich das Pferd dabei unterstützen, in diese Körperhaltung und Ausstrahlung hineinzufinden?*

Mensch und Pferd – partnerschaftlich verbunden

Mensch und Pferd – partnerschaftlich verbunden

Gut zu wissen

Unsere Erwartungen an uns selbst sind riesig – und oft haben wir auch große Erwartungen an unser Zusammensein mit unserem Pferd. Doch das Pferd will nichts von uns. Es bringt kein Ego mit in die Beziehung, keine Erwartungen und keinen Leistungsdruck. Kennen Sie Ihre eigenen Erwartungen an Ihre Beziehung zu Ihrem Pferd?

Wir müssen gegenüber Pferden kein dominantes Verhalten an den Tag legen, um »etwas zu bewirken«. Entscheidend ist, dass wir die erforderliche Souveränität ausstrahlen. Und diese wiederum hängt eng mit unserer inneren Haltung zusammen.

Der eigene Weg

Viele Wege führen zu einer guten Beziehung – oft gilt es einfach, dem jeweiligen Pferd und dem eigenen Herzen zu vertrauen und sich unabhängig(er) von dem zu machen, was »die anderen« sagen. Die Entscheidung, sich auf den eigenen Weg zu machen, ist ein erster, wesentlicher Schritt.

Eine gelingende Beziehung ist in meinen Augen eine Beziehung, in der beide Partner gemeinsam wachsen können, aber in der sich auch jeder für sich entfalten kann. In der beide Seiten an Souveränität und Ausstrahlung gewinnen. Im Kontext Mensch-Pferd bedeutet das, dass eine gelingende Beziehung zu einem mutigen, selbstbewussten und souveränen Pferd führt und dass auch ich als Mensch selbstbewusster und souveräner werde und mir in schwierigen Situationen mehr zutraue.

Eine gelingende Beziehung bedeutet aber auch, dass es beiden Beziehungspartnern (unabhängig voneinander) gut geht. Unsere Pferde haben es aber nur begrenzt selbst in der Hand, ob sie genug Futter finden, ob sie die passenden Sozialkontakte und ausreichend pferdegerechte Bewegung haben. Sie sind in ihrem Wohlergeben von uns und unserer Fürsorge abhängig. Auch wenn wir vielleicht nicht immer die optimalen Umstände schaffen können, so können wir immer wieder daran arbeiten, unserem Partner Pferd die bestmöglichen Rahmenbedingungen für dessen Leben zur Verfügung zu stellen.

Dabei nehmen wir eine Doppelrolle ein: Einerseits sind wir für das Wohlergehen des Pferdes zuständig und andererseits sind wir dessen Beziehungspartner. Beide Rollen gut voneinander zu trennen, hilft uns dabei, dem Pferd nicht mit der Idee entgegenzutreten, es würde uns etwas schulden!

Gleichzeitig sind wir aber auch dafür zuständig, dass es uns selbst gut geht, dass wir für unser eigenes Wohlergehen und Glück die Verantwortung übernehmen. Auf keinen Fall dürfen wir diese Aufgabe (sei es bewusst oder unbewusst) ans Pferd delegieren.

Das setzt eine gewisse Arbeit an uns selbst voraus sowie die Bereitschaft, immer wieder genau hinzuschauen, Dinge in Frage zu stellen und gegebenenfalls zu verändern.

Sich mit einem Pferd auf die Reise in eine gemeinsame Welt zu machen, in der beide Seiten zu ihrem Recht kommen und in der ich als Mensch erwarten kann, dass mir mein Pferdepartner zuhört, wenn ich etwas zu sagen habe, in der ich aber auch bereit bin, meinem Pferdepartner zuzuhören, wenn er mir auf seine lautlose Art und Weise etwas mitteilen möchte, ist eine der spannendsten Reisen, die man als Mensch unternehmen kann. Sie führt direkt zum Kern der eigenen Persönlichkeit. Das Pferd wird auf dieser Reise immer ein verlässlicher Partner sein, der jederzeit bereit ist, einem die nächste Lektion in Sachen Selbsterkenntnis zu liefern.

Man muss nur bereit sein, zuzuhören.

Aus zwei Welten wird eine

Ein Pferd ist völlig zufrieden und erfüllt damit, einfach zu sein. Es lebt in seiner eigenen Welt. In dieser Welt geht es nicht darum, möglichst schnell möglichst viel zu erreichen. Es ist eine Welt, in der Beziehung und gut miteinander verbrachte Zeit wesentlich mehr Wert besitzen als das Streben nach dem nächsten Erfolg oder der besseren Position.

Dabei sollte man sich davor hüten, die Welt, in der sich die Pferde miteinander und mit uns bewegen, zu verklären. Auch unter Pferden gibt es Auseinandersetzungen, es gibt Rivalität und sich widersprechende Interessen. Aber es gibt kein »sich

»Es ist eine Kunst, sich auf die Pferde und auf ihre Welt einzulassen und dabei seine eigenen Ideen und das Ego loszulassen. Es ist eine Kunst, sich mit dem Gedanken anzufreunden, dass es völlig in Ordnung ist, mal nicht mehr zu wollen, als einfach miteinander zu sein.«

um der Sache selbst willen profilieren«, es gibt kein Intrigieren und es gibt kein Nachtragen vergangener Situationen.

Wir sprachen bereits darüber: Pferde sind in ihrer Kommunikation im Hier und Jetzt. Immer ehrlich und klar, immer an der Situation orientiert und in der Energie, in der sie sich gerade befinden. Sie überlegen nicht, was ihnen ihr aktuelles Verhalten vielleicht in Zukunft bringen könnte oder wie sich ihr Gegenüber früher verhalten hat und welche Tricks wohl von ihm zu erwarten sind.

Die vermutlich noch größere Kunst, als sich mit dem Gedanken anzufreunden, dass es völlig in Ordnung ist, einfach miteinander sein zu wollen beginnt dann, wenn wir – aus welchen (aus unserer menschlichen Sicht) guten Gründen auch immer – entscheiden, dass wir das Pferd in unsere Welt mitnehmen wollen. In eine Welt, in der es dann plötzlich doch um Leistung irgendeiner Art geht und darum, dass bestimmte Dinge funktionieren müssen. Wenn es uns dann noch ein Anliegen ist, diesen Besuch des Pferdes in unserer menschlichen Welt möglichst harmonisch und pferdegerecht zu gestalten, ist die Situation plötzlich sehr komplex.

Aus meinem Pferde-Team

Als ich Loki zum ersten Mal begegne, ist er vier Jahre alt und steht mit seinem Weidekumpel auf einer Koppel. Ich habe heute eine konkrete Vorstellung davon, was passieren soll: Ich möchte dieses Pferd in relativ kurzer Zeit kennenlernen, um dann auf dieser Basis eine Entscheidung zu treffen, ob Loki als neues Coachingpferd meine Herde ergänzen wird.

Als wir Menschen die Wiese betreten, schauen beide Pferde auf. Der große und mächtige Herdenkollege von Loki kommt direkt auf uns zu, um sich seine Begrüßungskarotte abzuholen. Loki, der deutlich kleinere Wallach, wartet erst mal ab und schaut uns Menschen gleichzeitig neugierig an. Er scheint unentschlossen zu sein, ob er sich erst neugierig mir – einer Fremden – oder der ihm bekannten anderen Frau zuwenden soll, die wie immer auch für ihn eine Karotte hat. Das Bekannte siegt über die Neugierde. Trotzdem lässt er mich freundlich an sich herantreten. Wir nehmen Kontakt auf.

Ich komme also mit meiner eigenen Idee – mit meiner »Menschenwelt« von Leistung und Funktionieren in die Welt von Loki, die völlig ausgefüllt ist mit seiner Jungpferdeneugierde und dem Weidekumpel.

Obwohl Loki seinem Alter entsprechend noch nicht geritten ist, kennt er die Grundlagen der Zusammenarbeit mit einem Menschen. Problemlos lässt er sich aufhalftern und von mir von der Weide und in den Roundpen führen. Mir ist bewusst, dass das, was ich gerade von ihm erwarte alles andere als selbstverständlich ist. Er kennt mich seit weniger als zwei Minuten und der einzige Grund, den ich ihm liefern kann, mit mir zu kommen, ist meine eigene Überzeugung, dass das jetzt genau das Richtige ist. Richtig für mich, aber vor allem auch richtig für ihn.

Im Roundpen geht es für mich darum, unsere beiden Blickwinkel auf die Welt gleichwertig gelten zu lassen. Ich habe eine Idee, was ich mir von unserer ersten Begegnung erwarte, und er hat eine

Idee, was für ihn jetzt im Moment ansteht. Und das ist erstmal: herausfinden, was denn da für ein Mensch gerade bei ihm ist.

Ein Weg in diese gemeinsame Welt ist der spielerische Kontakt. Hier geht es für mich um das gezielt ziellose Setzen von Bewegungs- und Ruheimpulsen und das möglichst erwartungsfreie Abwarten der Reaktionen des anderen, auf die ich selbst wiederum reagieren kann. Ein bisschen wie im Ping-Pong spielen wir uns die Bälle zu. Ich mache ihm Vorschläge, wie er sich bewegen könnte, er reagiert, wie er es gerade für stimmig hält und macht mir seinerseits Vorschläge.

Um Loki noch besser kennenzulernen, entscheide ich, eine Runde mit ihm spazieren zu gehen. Jetzt tauchen wir gemeinsam noch stärker in meine menschliche Welt ein und wieder habe ich außer einem Strick und meiner klaren Idee, dass das jetzt ansteht und wir das gemeinsam machen werden, wenig Argumente, um die etwa 450 Kilo Pferd zu bewegen. Gleichzeitig bewegen wir uns plötzlich in einem Umfeld, in dem wir beide nicht mehr allein sind: andere Menschen bewegen sich um uns herum, es könnte ein Auto kommen ...

Als Mensch habe ich auf einmal die zusätzliche Aufgabe, unser Umfeld gut im Blick zu behalten, um mögliche Gefahrenquellen rechtzeitig zu erkennen und mit ihnen möglichst gelassen und souverän umzugehen. Denn nur so kann ich meiner Rolle als verantwortliche und souveräne Leitperson im Kontakt mit dem fremden Pferd gerecht werden. Nur dann wird Loki mir glauben, dass er wirklich mit mir loslaufen kann, ohne sich um seine eigene Sicherheit zu sorgen.

Schnell wird deutlich, dass Loki keine großen Schwierigkeiten hat, sich auf meine Führung einzulassen. Und ebenso schnell wird deutlich, dass er trotzdem seine Umwelt ganz genau anschauen will und wir wieder einen gemeinsamen Weg finden müssen, wie ich meine Idee, mit ihm ein Stück unterwegs zu sein, umsetzen kann, ohne ihn in seinem »im Moment sein« und in seiner Pferde-

>*»Passe ich mich dem Pferd an,*
>*oder erwarte ich, dass sich das*
>*Pferd mir anpasst?«*

welt permanent zu korrigieren und dadurch unsere noch junge Be-
ziehung ständig in Frage zu stellen.

   Ein lautloser Dialog entsteht, in dem gleichzeitig unglaublich
viel Kommunikation stattfindet, die man als Mensch wahrnehmen
muss. Das Pferd braucht uns und unsere Ideen nicht, wir sind nur
ein Bruchteil seines »Seins«. Es ist also unsere Aufgabe, das Zu-
sammensein so zu gestalten, dass es dem Pferd »Lust auf mehr«
macht.

Leistungsgesellschaft trifft auf Gesellschaft des Seins

In der Welt der Menschen geht es viel ums Funktionieren und darum, eine angemessene Leistung zu erbringen. Wir werden schon früh im Leben darauf vorbereitet, wie wichtig es ist, den Erwartungen der Gesellschaft zu entsprechen. Mit dieser Weltsicht und dem Gefühl von »funktionieren müssen«, kommen wir auch oft in den Stall. Alles ist durchgetaktet. Wir haben einen Plan, was wann mit welchem Pferd passieren soll und was dieses Pferd in der vorgesehenen Zeit zu leisten hat.

Mit dieser Idee treffen wir auf die Pferde, die ohne Uhr leben. Ihr Leben gestalten sie nach dem natürlichen Rhythmus von Tag und Nacht und nach den Jahreszeiten. Entsprechend haben Pferde immer Zeit. Sie machen das, was gerade ansteht und nicht das, was sie am Morgen für den jetzigen Zeitpunkt geplant haben.

Wir dagegen müssen uns in unserem Alltag oft sehr bewusst »Zeit nehmen«. Dieses »sich Zeit nehmen« kann das Gefühl mit sich bringen, dass in dieser Zeit irgendetwas außergewöhnliches passieren soll. Schließlich haben wir uns extra ein

Zeitfenster eingeräumt. Dies wiederum kann zur Folge haben, dass wir mit hohen Erwartungen in die Begegnung mit dem Pferd starten. Erwartungen an das Pferd, aber auch Erwartungen an uns selbst.

Erwartungen an das Pferd

Die Erwartungen, die wir an unser Pferd und an unser Leben mit dem Pferd haben, sind äußerst vielschichtig. Hier ein paar der wichtigsten:

Das Pferd als Retter

Stressiger Tag, Ärger im Büro oder zu Hause ... jetzt auf zum Pferd. Da geht es mir gut. Für viele Pferdemenschen ist das Pferd der Anker im Alltag. Der Stall ist der Ort, an dem sie zur Ruhe kommen. Mein Pferd wird dafür sorgen, dass ich meinen Alltag für eine Weile hinter mir lassen kann und mich nicht mehr unzufrieden und schlecht fühle.

Wenn wir von jemandem – egal ob Pferd oder Mensch – erwarten, gerettet zu werden, dann begeben wir uns in eine Opferrolle und wälzen die Verantwortung für unser Wohlergehen ab.

Das Pferd als Sportpartner

Egal ob mehr oder weniger ambitionierter Freizeit- oder Berufsreiter: Wir alle freuen uns über ein gesundes und einsatzfähiges Pferd. Nur ist an dieses Freuen leider oft die Erwartung geknüpft, dass das Pferd zu funktionieren hat. Schließlich haben wir viel Geld investiert und tragen auch sonst hohe Kosten. Und jetzt komme ich in den Stall, nehme mir Zeit, um mit dem Pferd zu trainieren und plötzlich ist irgendwas und es funktioniert nicht. Unsere Planung für eine Sporteinheit ist über den Haufen geworfen. Selbst wenn wir uns nicht über das Pferd ärgern, so sind wir vielleicht doch insgeheim enttäuscht, dass aus dem schönen, entspannenden Ausritt oder aus der konzentrierten Trainingseinheit nichts geworden ist.

Das Pferd schuldet mir etwas

Manche Pferde wurden vielleicht aus schlechter Haltung oder vor dem Schlachter gerettet. Ein Mensch hat sich entschieden, sie aus dieser Situation zu befreien und versorgt sie jetzt mit ganzem Herzen und erst einmal, ohne eine Gegenleistung für die gute Tat zu erwarten. Aber vielleicht taucht dennoch manchmal der Gedanke auf: »Ich opfere mich für das Pferd auf, gebe mein letztes Geld für seine Gesundheit aus, ohne mich würde es vielleicht gar nicht mehr leben – jetzt kann es doch auch einmal etwas für mich tun ...«

Das Pferd als Partner oder Kindersatz

Viele Menschen sind allein und fühlen sich einsam. Was liegt näher, als sich ein Pferd anzuschaffen, um dieser Einsamkeit entgegenzuwirken? Für einen Hund ist keine Zeit vorhanden, aber ein Pferd muss es sein ... Womit wir dann auch beim Thema »Das Pferd als Prestigeobjekt« wären.

Kommt Ihnen die eine oder andere Erwartung bekannt vor? Kennen Sie diese vielleicht von sich selbst? Ihrem eigenen Pferd gegenüber?
Wenn Sie sich dies eingestehen, dann haben Sie einen ersten und wichtigen Schritt gemacht. Wenn Sie Ihre Erwartungen kennen, können Sie diese loslassen, um Ihrem Pferd auf einer anderen Ebene zu begegnen.

Wir begegnen uns selbst

In der persönlichen und direkten Begegnung mit einem Pferd passiert es immer wieder, dass wir mit uns selbst und unseren ureigenen Themen in Kontakt kommen.

Warum ist das so? Das Pferd will nichts von uns und verlangt nichts von uns. Es »verlangt« lediglich, dass wir wir sind. Alles, was wir von unserer Seite in den Kontakt und in die Beziehung zum Pferd mitbringen, ist zutiefst persönlich.

> *Der hohe Anspruch, den wir an uns selbst (und an unser Pferd) haben – ist unser hoher Anspruch.*
> *Die Idee, dass etwas sofort und auf eine bestimmte Art und Weise gelingen soll – ist unsere Idee.*
> *Die Erwartung, dass etwas so und nicht anders funktioniert oder dass man für eine Sache arbeiten muss, damit sie einen Wert hat – ist unsere Erwartung und unsere Sicht.*

All das hat viel mehr mit uns selbst und unserer inneren Haltung und unserem Blick auf die Welt zu tun als mit dem Pferd und mit unserer Beziehung zu ihm. Auf die innere Haltung, mit der wir uns in die Beziehung zum Pferd begeben, kommen wir im Kapitel »Vertrauen folgt auf Selbstvertrauen« (siehe Seite 175) zurück.

Das Pferd bringt in diese Beziehung tatsächlich etwas Ähnliches, aber doch ganz anderes mit: Es bringt ebenfalls sich selbst und seine Persönlichkeit mit und gleichzeitig bringt es kein Ego, keine Erwartungen und keinen Leistungsanspruch mit.

Erwartungen des Pferdes an uns?

Wenn wir nach den Erwartungen schauen, die wir eventuell an das Pferd haben, dann ist es nur angebracht, auch darüber nachzudenken, welche Erwartungen die Pferde eventuell an uns haben könnten. Natürlich können wir über diese Frage nur spekulieren, aber wenn wir davon ausgehen, dass unsere Pferde sich in unserer Gegenwart wohlfühlen wollen, dann liegt die Antwort auf diese Frage eigentlich nahe: Pferde wünschen sich von uns als Beziehungspartner, dass wir authentisch und kohärent (also stimmig) handeln, dass wir uns vorhersehbar verhalten und dass wir ihnen zuhören.

Führung hat etwas mit Persönlichkeit zu tun

In der Psychologie beschreibt der Begriff der Dominanz die Fähigkeit, sich gegenüber anderen durchzusetzen, ihnen gegenüber überlegen zu sein bzw. einen höheren Status zu haben als sie. Können wir als Mensch zu einem Pferd eine Beziehung aufbauen, ohne dominant zu sein?

Um sich dieser Frage zu nähern, lohnt es sich, (noch einmal) einen Blick auf eine natürliche Pferdeherde zu werfen. In der natürlichen Herde machen souveräne Pferde ihren Anspruch auf Führung im Allgemeinen nur geltend, wenn es nicht anders geht.

Beispiele für dominantes Verhalten in einer Pferdeherde:
> *Klärung von Positionen in der Herde*

»Wer folgt wem? Es ist eine
Frage der Persönlichkeit, nicht
der Dominanz.«

> *Kritische, potenziell gefährliche Situationen, in denen*
> *ein aktuell mit einer Leitungsaufgabe betrautes Pferd*
> *darüber entscheidet, wie und wohin andere Pferde sich*
> *bewegen*
> *Erziehung von Jungpferden*
> *Ressourcenknappheit*

Wenn die Situation sicher und alle Pferde entspannt sind,
gibt es in der Regel wenig Anlass, Energie in Führungsaktivi-
täten zu stecken. In solchen Situationen wird eher in die Beziehungspflege untereinander investiert.

Was aber macht einen souveränen Althengst aus? Was
entscheidet darüber, ob sich andere Pferde ihm und seiner
Führung gerne anvertrauen? Oft sind es nicht unbedingt die
größten oder körperlich eindrucksvollsten Pferde, die eine solche Position übernehmen. Vielmehr kommt es stark auf den
Charakter des Hengstes an, ob es ihm gelingt, seine Herde zu
führen und zusammenzuhalten. Damit es in der Herde ruhig
und harmonisch zugeht – das ist für freilebende Pferde die an-
genehmste und energiesparendste Art des Zusammenlebens –
ist es hilfreich, wenn ein Althengst ruhig, aber bestimmt die
Herde zusammenhält und dabei aufmerksam und gleichzeitig
gelassen ist. So kann er Gefahren sicher einschätzen und ad-
äquat reagieren.

Führerschaft unter Pferden hat also weniger mit Dominanz zu tun, sondern zeigt sich eher darin, wer in der Herde
wann welche Entscheidung trifft und wem die anderen Pferde
in ihrer Bewegung folgen. Es geht also weniger darum, wer wen
dominiert, sondern vielmehr darum, wer wen bewegt und wer
sich bewegen lässt.

Aus meinem Pferde-Team

Goldfee, eine souveräne Stute, die eine Zeitlang Teil der Herde war, und der vierjährige Neuzugang Loki begegnen sich zum zweiten Mal. Wir beobachten sie:

Beide Pferde brauchen keine körperliche Nähe, um zu kommunizieren oder um eine Beziehung aufzubauen. Sie grasen in relativer Entfernung zueinander und doch wird immer wieder deutlich, dass sie sich aufeinander beziehen.

Der aktive und dominierende Part liegt bei Goldfee. Sie gibt die Zeiten der gemeinsamen Ruhe, aber auch die der gemeinsamen Bewegungen vor. Sie entscheidet, wann sie Loki in Ruhe lässt, weil er sich in ihren Augen dort bewegt und aufhält, wo er sich gerade aufhalten darf und gleichzeitig gibt sie »No-go-Areas« bzw. die Bewegungsrichtung vor, indem sie aktiv wird.

Loki ist in dieser Situation der eher passive Partner. Er weicht aus und reagiert auf Goldfees Signale, indem er sich bewegen lässt. Auf Aktionen von Goldfee folgen Reaktionen des jungen Wallachs. Goldfee »dominiert« Loki.

Wenn wir als Menschen mit unserem oft sehr hierarchisch geprägten Denken auf eine Pferdeherde schauen und uns das Verhalten der Pferde zu erklären versuchen, dann deuten wir das, was wir beobachten im Rahmen unserer eigenen Erfahrungen. So erklärt sich auch, dass wir Pferden Dominanzverhalten unterstellen. Dieses wird dann auf Trainingsansätze übertragen und dient als Rechtfertigung für dominantes Auftreten von Menschen gegenüber Pferden.

Dabei haben es souveräne Pferde im Allgemeinen nicht nötig, aggressive oder dominante Verhaltensweisen zu zeigen. Vielmehr sind es oft eher die unsicheren Pferde, die in der einen oder anderen Situation überreagieren oder aus Verunsicherung oder Furcht ein Verhalten zeigen, das wir Menschen als dominant interpretieren.

Unsere innere Haltung ist entscheidend

Sobald ich Pferde in Gefangenschaft halte, übe ich automatisch auf die eine oder andere Art Dominanz aus, denn ich schränke den Bewegungsspielraum der Tiere ein. Ich stelle Zäune auf, ich ziehe dem Pferd ein Halfter an, um es von A nach B zu bringen. Ich entscheide, wann Tierarzt oder Hufpfleger kommen, um sich um die Gesundheit des Pferdes zu kümmern. Vermutlich reite ich es und nehme dabei sogar die körperliche Position des dominierenden »Räubers« ein. Kurz: Ich dominiere unser Zusammensein zu großen Teilen.

Für mich ist daher weniger die Frage »Wie kann ich eine Beziehung zum Pferd aufbauen, ohne dominant zu sein?« entscheidend, sondern vielmehr diese Fragen:
> *Wie gelingt es mir, die gleiche Souveränität auszustrahlen, mit der ein souveräner Hengst oder eine souveräne Stute in der Herde die anderen Pferde, wenn nötig, bewegt?*
> *Mit welcher inneren Haltung und aus welchem Anlass entscheide ich in welcher Situation, mal mehr und mal weniger in diese Rolle zu schlüpfen?*

Diese Fragen haben allerdings viel mehr mit mir selbst zu tun als mit dem Pferd und mit meiner Beziehung zu ihm. Ich halte sie für elementar, wenn ich als Mensch einem Pferd auf Augenhöhe und in einer echten Beziehung begegnen will.

Gut zu wissen

Die erste Begegnung mit einer Herde oder einem Pferd ist etwas ganz Besonderes und sie ist gleichzeitig die Basis für den weiteren Beziehungsaufbau. Den Zauber der ersten Begegnung und die Chance, die in ihr liegt, sollten wir nicht einfach so verstreichen lassen.

Der Zauber der ersten Begegnung

In unserem Leben gibt es viele »erste Male«. Von den ersten eigenen Schritten über den ersten Schultag bis hin zum ersten Tag in einem neuen Job oder dem ersten Tag im Ruhestand.

Diese »ersten Male« gibt es natürlich auch bei Begegnungen mit Pferden: Das erste Mal durch einen Zaun ein auf einer fremden Weide stehendes Pferd gestreichelt. Das erste Mal geputzt, geführt. Das erste Mal auf einem Pferd gesessen. Die erste Reitstunde, der erste Ausritt. Auch für jede Begegnung mit einer Herde oder einem einzelnen Pferd gibt es ein erstes Mal.

»Und jedem Anfang wohnt ein Zauber inne« – schreibt Hermann Hesse in seinem bekannten Gedicht mit dem Titel »Stufen«. Genau diesen Zauber will ich in diesem Kapitel schildern. Vor allem aber will ich versuchen, es Ihnen zu ermöglichen, diesen Zauber bei ersten Begegnungen mit Pferdeherden und Pferden zu erleben.

Erste Begegnung mit einer fremden Herde

Wer in Kontakt mit artgerecht gehaltenen Pferden kommt, der wird unweigerlich und immer wieder einer ganzen Pferdeherde begegnen. Sei es auf dem Weg, das eigene Pferd aus der Gruppe zu holen, oder sei es bei der täglichen Arbeit im Stall. Sich in einer Herde zu bewegen, die man kennt und deren Pferde man einschätzen kann, ist daher etwas, was ein Pferdemensch regelmäßig tut. Doch wie sieht es aus, wenn wir einer fremden Herde das erste Mal begegnen?

Wann können Pferdemenschen einer solchen Situation begegnen?
> *Wenn wir als Reitschüler oder Gast in einen fremden Stall kommen.*

»Das erste Mal – immer etwas Besonderes.«

> *Wenn wir ein neues Pferd kennenlernen (als Besitzer oder als Reitbeteiligung).*
> *Wenn unser Pferd umgezogen ist und nun in einer neuen Herde lebt.*

Egal, welche Situation gerade zutrifft: Die erste Begegnung mit der Herde birgt **die Chance, zu etwas ganz Besonderem zu werden.** Sie kann ein guter Nährboden für unsere Beziehung zu einzelnen Pferden aber auch zur ganzen Gruppe sein – wenn wir die Begegnung entsprechend gestalten.

Hände weg, keine Leckerlies, kein Handy

Wir Menschen haben oft den Impuls, Tiere direkt anzufassen. Aber seien wir mal ehrlich: Niemand von uns wird gerne – quasi »auf der Straße« – einfach so von einem Fremden angefasst, oder? Warum sollte es einem Tier, das uns nicht kennt, anders gehen?

Wenn wir also einer Pferdeherde das erste Mal begegnen, dann steht nicht der körperliche Kontakt im Vordergrund, sondern zunächst das »höfliche« Kennenlernen und das Wahrnehmen auf Abstand.

Achten Sie darauf, nichts in die Pferdeherde mitzunehmen, was Sie oder die Pferde ablenken könnte – Smartphone und Leckerlies bleiben draußen.

Bevor Sie sich der Herde nähern, lassen Sie ganz bewusst alle Erwartungen auf das, was jetzt gleich passieren soll, los. Es geht nicht darum, irgendetwas zu erreichen, sondern darum, die neue Herde ganz absichtslos wahrzunehmen. (Wenn es Ihnen schwerfällt, Ihre Erwartungen loszulassen, dann hilft vielleicht eine kleine Atemübung. Einen Vorschlag hierzu finden Sie im Anhang – Übung 1 »Erwartungen loslassen«, Seite 198.)

Gehen Sie dann in die Herde. Jeder kann hier seinen eigenen Weg finden, wichtig ist nur, weder von sich selbst noch von den Pferden irgendwas zu erwarten, sondern sich auf die absichtsfreie Begegnung einzulassen. (Eine ausführliche Beschreibung finden Sie im Anhang unter Übung 5 »*Erste Begegnung*«, Seite 204. Weitere Anregungen hierzu auch im Kapitel über das Thema »*Achtsamkeit, eine Lebenshaltung*«, Seite 141, sowie Übung 4 »*Achtsamkeit – ein kurzer Check-In*«, Seite 202.)

Aus meinem Pferde-Team

Eine Teilnehmerin an meiner Ausbildung zum systemisch-pferdegestützten Coach, nennen wir sie Marie, betritt das erste Mal die Koppel und nimmt Kontakt mit der Herde auf: Fünf Pferde (darunter sind Ögla, Quno und Glaouia, die nicht zu mir gehören) stehen teilweise einzeln, teilweise in einer kleinen Gruppe zusammen und lassen sich im Großen und Ganzen nicht davon beeinflussen, dass ein Mensch auf der Wiese steht. Marie steht zwischen den Pferden und beobachtet erst einmal.

Relativ schnell entscheidet sich Ögla, diesen Neuzugang aus der Nähe anzuschauen. Die Isländerstute ist deutlich körperbetonter in ihrer Kommunikation als die anderen Mitglieder der Herde: Ögla stupst Marie schnell mit der Nase an, um Kontakt aufzunehmen. Für diese ist das eine schöne Einladung, ihrerseits Körperkontakt aufzunehmen.

Jetzt, da das Eis ein bisschen gebrochen ist, geht auch Quno – der einzige Wallach in der Herde und rein körperlich als Freiberger ein ganz schöner Brocken – auf Marie zu, um sie zu begrüßen. Nach einem kurzen, freundlichen Schnüffeln ist Quno zufrieden und wendet sich wieder dem Gras zu.

Als Marie anfängt, sich über die Weide zu bewegen, beobachten wir von außen, dass die souveräne Goldfee sich immer so positioniert, dass sie mitbekommt, wohin Marie geht. Deutlich sichtbar wird in diesem Moment, dass sie sich für die Sicherheit der gesamten Herde verantwortlich fühlt und dass sie auf der anderen Seite souverän genug ist, nicht bei der kleinsten Unruhe einschreiten zu müssen. Fast die ganze Zeit steht sie ruhend da – ein- oder zweimal dreht sie sich ein bisschen, um Marie im Blick zu behalten. Dann kehrt sie jeweils wieder in ihre ruhende Körperhaltung zurück.

Marie nimmt über den Zaun Kontakt zur Nachbarherde auf. Die hier auf Distanz entstehende Interaktion wird von unserer Herde registriert. Insbesondere Malenka, die dritte Stute in der Herde und immer darauf bedacht, es mit dem Aufbau von neuen Beziehungen langsam angehen zu lassen, schaut auf und beobachtet alles aus sicherer Distanz.

Erst als Marie auf Glaouia, die älteste Stute der Herde und die, die aktuell am weitesten entfernt von den anderen steht, zuläuft, setzt sich ein Teil der anderen Pferde in Bewegung, um ihr zu folgen. Quno und Goldfee ruhig und entspannt. Beide wirken eher so, als wollten sie einfach in der Nähe sein, wenn Marie Kontakt zu Glaouia aufnimmt. Ögla nach wie vor neugierig und tendenziell freudig, dass endlich mal etwas los ist.

Nur zwei Pferde interessieren sich für die Bewegung eher weniger. Neben Malenka, die jetzt am weitesten von den anderen entfernt ist, bleibt auch Glaouia, die Marie doch eigentlich begrüßen wollte, passiv. Marie wartet einige Meter von ihr entfernt ab und entscheidet dann, dass der Kontakt nicht unbedingt sein muss.

Marie dreht sich um und bewegt sich, gefolgt von Goldfee, Quno und Ögla quer über die Weide, von Glaouia weg. Dass es ihr Freude bereitet, von den drei Pferden begleitet zu werden, lässt sich an ihrem Gesicht ablesen und kurz darauf beschleunigt sie ihre Schritte und beginnt langsam zu rennen. Auch die Pferde werden etwas schneller, lassen sich aber nicht zu einem Trab animieren und halten kurze Zeit darauf wieder an, um weiter zu grasen.

Die Herde – mehr als die Summe einzelner Pferde

Jedes Pferd einer Herde ist anders. Charakterlich, aber auch bezüglich seiner Aufgabe und Position, die es in der Herde einnimmt. Dabei spreche ich nicht so gerne von Rangpositionen. Führung in Pferdeherden hat (ich schrieb bereits darüber) mehr damit zu tun, den Überblick zu behalten und souverän auf mögliche Gefahren zu reagieren, als damit, immer und überall den eigenen Willen durchzusetzen.

Wenn einzelne Pferde die Herde verlassen oder neu hinzukommen, dann wirkt sich das meist auf die ganze Herde aus. Welche neuen Beziehungen werden entstehen, wer wird welche Aufgabe übernehmen?

Entsprechend ist es beim ersten Kontakt mit einer Pferdeherde besonders spannend, sich genau auf diese Unterschiedlichkeit einzulassen. Wahrzunehmen, welches Pferd wie tickt, wie es drauf ist und was es gerade braucht, um eine entspannte Beziehung entstehen zu lassen.

Die Erstbegegnung mit der fremden Herde ist nicht mehr, aber auch nicht weniger als ein erstes Kennenlernen und Beschnuppern und gleichzeitig die Basis für alles, was an Beziehungsaufbau im weiteren Verlauf folgen wird.

Gut zu wissen

Manchmal reicht ein Perspektivwechsel, um etwas ganz Neues und Einmaliges zu erleben: Einmal sind wir selbst die Gäste, ein anderes Mal werden wir zum Gastgeber für unsere Pferde. Probieren Sie es aus!

Der Zauber vertrauter Begegnungen

Auch das kann einen besonderen Zauber haben: sich als Mensch in einer bekannten und vertrauten Herde zu bewegen oder sich dort einfach nur aufzuhalten. Für diesen Besuch in der vertrauten Herde können wir zwei interessante Perspektiven einnehmen. Zum einen können wir die Perspektive eines Gastgebers einnehmen, zum anderen können wir den Kontakt mit der vertrauten Herde so betrachten, als wären wir selbst zu Gast in der Herde.

Der Mensch als Gastgeber

Der Mensch ist der Gastgeber und die Herde ist der Gast – das ist die vertraute Perspektive. Als Gastgeber ist der Mensch dafür verantwortlich das Wohl der Gäste im Auge zu behalten. Wie sind sie versorgt? Welche Bedürfnisse haben sie gerade? Haben meine Gäste alles, was sie glücklich macht?

Diese Perspektive ist deshalb passend, weil wir als Halter der domestizierten Pferde tatsächlich für ihr Wohlergehen und ihre Versorgung – von der Nahrung über den Raum, in dem sie sich bewegen, bis hin zu ihrer Sicherheit – zuständig sind.

Der Mensch als Gast

Spannend wird es, wenn wir die Perspektive umdrehen: Die Herde lebt (im Idealfall) 24 Stunden täglich zusammen und ich, der Mensch, komme einfach nur zu Besuch. Da ich der Gast bin, ähnelt mein Verhalten dem bei einer Einladung durch menschliche Freunde.

Bevor ich zu den Pferden gehe, mache ich mir einen Moment bewusst, was ich heute mitbringe. Dabei geht es nicht um materielle Mitbringsel, sondern darum, zu überlegen, **mit welcher Energie ich gerade unterwegs bin.** (Hierzu finden

»Die Perspektive des Gastes können und sollten wir immer wieder einnehmen.«

Sie im Anhang auf Seite 202 die Übung 4 *»Achtsamkeit – ein kurzer Check-In«*.)

Vielleicht hatten Sie auch schon einmal das Gefühl, vor einer Essenseinladung furchtbar schlecht drauf zu sein und eigentlich gar keine Lust zu haben, zu XY zu gehen? So könnten Sie sich auch vor dem Besuch bei den Pferden fühlen. Aber natürlich gibt es auch die schiere Vorfreude ... jede Energie darf sein! Aber ich muss mir diese bewusst machen und mir klar darüber sein, dass diese Energie auf meine Gastgeber – in diesem Fall die Pferde – wirken wird.

Nach diesem kurzen Moment begebe ich mich in den Lebensraum der Pferde. Dabei bewege ich mich achtsam und richte meine Aufmerksamkeit auf das, was um mich herum passiert. Höflich begrüße ich die Pferde. Für mich bedeutet das, nicht sofort zu jedem Pferd zu gehen und es anzufassen, sondern respektvoll Abstand zu halten und erstmal anzukommen und zu beobachten. Die innere Idee, die mich dabei begleitet, lässt sich in diese Worte fassen: *»Hallo – danke, dass ich da sein darf. Wie geht es euch heute?«* Bei menschlichen Freunden, die mir am Herzen liegen, möchte ich schließlich auch gerne wissen, ob es ihnen gut geht – also interessiert mich dies auch bei den Pferden. Da ich nicht mit ihnen sprechen kann, schaue ich mir die Pferde genau an. Ist irgendetwas anders als sonst, zeigt eines der Tiere Auffälligkeiten im Verhalten? Gibt es Verletzungen oder sonstige gesundheitliche Aspekte, die ins Auge stechen? Wie gehen die Pferde heute miteinander um? So wie immer? Oder anders? (Im Anhang auf Seite 206 finden Sie hierzu die Übung 6 *»Begegnung mit der Herde – nichts tun, einfach sein!«*.)

In der Regel ist alles gut, aber hin und wieder kommt es eben doch vor, dass nicht alles in Ordnung ist – gerade dann ist der offene Blick des Besuchers hilfreich. Doch genauso wie ich

Manchmal setze ich mich einfach für eine Weile zu den Pferden auf die Weide und genieße es, ihr Gast sein zu dürfen. Dabei entscheiden die Pferde selbst, wie nah sie mir kommen wollen.

es auch bei menschlichen Gastgebern tun würde, schaue ich erstmal, in was für einer Situation und Stimmung ich die Herde antreffe, bevor ich mit meiner eigenen Idee herausrücke. Gerne setze ich mich dazu für ein paar Minuten in die Gruppe und beobachte nur. Häufig nehmen dann einzelne Herdenmitglieder Kontakt zu mir auf.

Pferde benötigen keinen direkten Körperkontakt, um ihre Beziehung aufzubauen und aufrecht zu erhalten. Wenn sie es dennoch tun, geschieht die freundliche Aufnahme von Körperkontakt nur im gegenseitigen Einvernehmen. Dabei ist für die Kontaktaufnahme nicht entscheidend, ob das ranghöhere oder das rangniedrigere Pferd den ersten Schritt macht. Wichtiger als der Rang ist die Beziehung untereinander. Bei der Bewegung durch die Herde nehme ich mir ein Vorbild an meinen Gastgebern und nehme nur dann Kontakt zu den Pferden auf, wenn ich von ihnen eindeutige Signale bekomme, dass sie diesen Kontakt auch wollen.

Probieren Sie es einmal (und gerne immer wieder) aus. Schlüpfen Sie bewusst in die Rolle des Gastgebers bzw. des Gastes. Sie werden immer wieder Neues entdecken und wahrnehmen.

Gut zu wissen

Nicht aufgeben und neugierig bleiben, sich selbst hinterfragen – auch das gehört zum Leben dazu. Pferde können uns dabei perfekt unterstützen. Pferde und Menschen verstehen sich ganz intuitiv – darauf können wir vertrauen.

Vertrauen folgt auf Selbstvertrauen

E inem Pferd kann man nichts vormachen. Wenn wir unsicher sind, wird das Pferd das sofort wissen und auf diese Unsicherheit reagieren, selbst wenn wir nach außen stark auftreten. Schauspielern ist zwecklos.

Wenn ich das Vertrauen eines Pferdes gewinnen will, dann ist eine der ersten Fragen, die ich mir stellen sollte, ob ich mir in der jeweiligen Situation selbst vertraue. Wie ist es aktuell um mein Selbstvertrauen, mein Selbstbewusstsein bestellt? Wenn ich das Gefühl habe, dass es in diesem Bereich bei mir aktuell nicht zum Besten steht, muss ich mich mit dem Thema auseinandersetzen.

Unsicherheit des menschlichen Partners ist für das Fluchttier Pferd schwer auszuhalten. Wenn ein Pferd der Herde unsicher ist, so bedeutet dies für jedes einzelne Pferd – aber auch für die ganze Herde – erhöhte Alarmbereitschaft. Das Pferd kann dabei nicht erkennen, ob es vielleicht gerade selbst Auslöser der Unsicherheit ist, vielmehr wird es ebenfalls verunsichert reagieren und seinem unsicheren menschlichen Partner nur schwer vertrauensvoll folgen können. In einer derartigen Situation ist erforderlich, dass der Mensch – eventuell auch unabhängig vom Pferd – an sich und seiner Unsicherheit arbeitet.

Aber wie kann ich daran arbeiten mir selbst (wieder) besser zu vertrauen? Ein wichtiger erster Schritt besteht darin, die eigene Angst oder Unsicherheit – aber auch die des Pferdes – wahr- und ernst zu nehmen. Dann können wir einen genauen Blick darauf werfen, was es ist, was mich verunsichert, oder was mir Angst macht.

Was nun folgt, ist die bewusste Entscheidung, etwas daran ändern zu wollen – oder eben auch nicht! Wichtig finde ich an dieser Stelle, dass beide Optionen möglich sind. Nicht jede Angst oder Unsicherheit muss überwunden werden. Aber wenn Sie diesen Schritt gehen wollen, dann sollten Sie die Ent-

»Nur wer sich selbst vertraut, kann andere dazu bewegen, ihm zu vertrauen.«

scheidung ganz bewusst treffen. Denn auf eine (vielleicht berechtigte) Angst nicht zu hören, kann gerade im Umgang mit Pferden durchaus gefährlich werden.

Wenn Sie sich jedoch entscheiden, dass Sie an Ihrer Unsicherheit oder Angst arbeiten wollen, dann gibt es unterschiedliche Wege, das zu tun.

Vielleicht erinnern Sie sich an das Lernzonenmodell aus dem Kapitel *»Lernen bei Pferden«* (siehe Seite 75): Identifizieren Sie den für Sie nächsten Lernschritt, der zwar deutlich außerhalb der Komfortzone, aber eben auch innerhalb der Lernzone (und nicht etwa in der Panikzone) liegt. Gehen Sie diesen Lernschritt, bis Sie sich mit dem Neuerlernten sicher fühlen. Wenn Sie das geschafft haben, dann haben Sie Ihre Komfortzone erweitert. Herzlichen Glückwunsch! Nun können Sie den nächsten Lernschritt identifizieren und gehen.

Hier ein Beispiel: Gehen wir einmal davon aus, dass Sie Ihr Jungpferd im Gelände trainieren wollen. In der Gruppe und in Begleitung anderer Pferde auszureiten, ist für Sie und Ihr Pferd kein Problem, aber wenn Sie allein mit Ihrem Pferd unterwegs sind, sind sowohl Sie als auch Ihr Pferd unsicher. Sie wollen Ihrem Pferd aber beibringen, dass es auch ohne Begleitung durch andere Pferde ins Gelände geht. Dann könnte der nächste Lernschritt sein, zunächst allein mit dem Pferd spazieren zu gehen und später einen vom Boden aus begleitenden Menschen mitzunehmen, während Sie reiten. Dieser kann sich dann Stück für Stück von Ihnen und Ihrem Pferd entfernen, bis Sie beide entspannt allein im Gelände unterwegs sind.

Ob diese Lernschritte jetzt Ihnen oder Ihrem Pferd (vermutlich sogar beiden) die nötige Sicherheit geben, um mit der Angst umzugehen, ist letztlich egal. Solange es für Sie beide funktioniert!

Eine andere Möglichkeit, sich in Bezug auf Angst und Unsicherheit weiterzuentwickeln, ist das Embodiment (siehe Kapitel »*Eine hilfreiche Methode: Embodiment*«, Seite 145).

Unsere innere Haltung

Unsere innere Haltung entscheidet sehr stark darüber, wie
wir an Dinge herangehen und ob wir authentisch agieren.

*Diese Fragen helfen dabei, Klarheit über die eigene innere
Haltung zu erhalten:*
> *Wie sehe ich mich, wie sehe ich das Pferd? Welche Erwartun-
> gen habe ich an mich bzw. an das Pferd? Welche Wünsche
> treiben mich heute um und welche Bedürfnisse vermute ich
> bei meinem vierbeinigen Partner?*
> *Was tut mir (heute und jetzt) gut? Was dem Pferd?*
> *Für den Fall, dass es darum geht, etwas zu tun, was einem
> von uns wichtiger ist als dem anderen: Wie sieht ein mög-
> licher Kompromiss aus?*
> *Welche guten Gründe habe ich, etwas zu wollen, was viel-
> leicht gerade mir oder dem Pferd nicht in erster Linie gut
> tut/worauf wir mehr oder weniger Lust haben?*
> *Wie überzeugt bin ich, dass das, was ich jetzt mit dem
> Pferd vorhabe, gut und im Sinn von uns beiden ist? Falls
> dies aktuell nicht »das Beste« ist: Welche Wirkung hat dies
> vielleicht mit Blick auf die Zukunft, die ich für uns beide
> bestmöglich gestalten will?*
> *Wie bewusst bin ich mir darüber, dass ich mir gerade
> herausnehme, über ein anderes Lebewesen zu bestimmen?
> Welche guten Gründe habe ich dafür?*
> (Wichtig: Hierbei geht es nicht darum, dass ich das nicht
> darf. In unserer Welt gibt es oft Fremdbestimmung und
> auch Pferde kennen das. Wir sollten uns nur darüber

bewusst sein und uns Gedanken über unsere Gründe machen.)

Kontakt aufnehmen

Es ist wichtig, dass ich selbst eine klare Idee von unserem gemeinsamen Weg und von unserem Tun habe. Wenn ich selbst nicht sicher bin, ob und warum ich das Pferd nun wirklich zum Mitkommen bewegen möchte, wird auch das Pferd unsicher sein. Wenn ich aber davon überzeugt bin, dass wir beide eine schöne Zeit miteinander haben werden und motiviert losgehe, steigt die Wahrscheinlichkeit deutlich an, dass mein Pferd sich auf unser Zusammensein freuen und mit mir kommen wird.

Habe ich mich (aus guten Gründen) dazu entschieden, eines oder mehrere der Pferde aus der Herde herauszunehmen, sei es für eine gemeinsame Arbeitseinheit oder aus pflegerischen oder gesundheitlichen Gründen, nähere ich mich dem entsprechenden Pferd langsam an und nehme Kontakt auf. Dabei richte ich meine Aufmerksamkeit auf den Kopf des Pferdes, ohne es direkt anzuschauen. Pferde als Fluchttiere haben beinahe Rundumsicht und sind, im Gegensatz zu uns Menschen, aufgrund der seitlichen Position ihrer Augen am Kopf nicht in der Lage, fokussiert zu schauen. Der fokussierte Blick ist eher den Jägern vorbehalten. Pferde regieren aus diesem Grund sensibel darauf, wenn wir sie direkt anschauen. Sie gewöhnen sich zwar in unserer Gegenwart daran, aber wirklich wohl fühlen sie sich dabei selten. Ich empfehle daher, den direkten Blick nach Möglichkeit zu vermeiden und Pferde eher indirekt – aus den Augenwinkeln heraus – anzusehen.

Dann gebe ich dem Pferd die Chance, mich zu begrüßen und lasse es, wenn es möchte, meine Hand anprusten. Warum? Pferde nehmen gerne über das Aneinanderhalten ihrer Nüs-

Auch so können wir Pferde begrüßen. Viel näher kommen wir Menschen vermutlich an »das Atmen der gleichen Luft« nicht heran.

tern und das gemeinsame »Atmen der gleichen Luft« Kontakt zueinander auf. Wenn wir uns begrüßt haben, lege ich dem Pferd das Halfter an und lade es ein, mit mir zu kommen.

Nicht aufgeben und neugierig bleiben!

Wenn ich in eine Beziehung mit einem Pferd gehe, dann brauche ich vor allem viel Neugierde und ich brauche die Bereitschaft, Neues nicht nur experimentell auszuprobieren, sondern Neues auch lernen zu wollen. Und ich sollte bereit sein, mich ständig zu hinterfragen.

Gerade im Umgang mit Pferden ist Selbstreflexion ein äußerst wichtiges und hilfreiches Tool. Allerdings laufen Menschen schnell Gefahr, sich dabei klein zu machen, abzuwerten und in negative Gedankenspiralen zu geraten. Das ist nicht gemeint, wenn ich von Selbstreflexion spreche.

Für mich ist Selbstreflexion die Fähigkeit, das eigene Handeln immer wieder zu hinterfragen, ohne dabei das Selbstvertrauen zu verlieren. Es geht darum, Fehler zu sehen und anzuerkennen, konstruktive Kritik an sich selbst zu üben, sich weiterzuentwickeln, gleichzeitig aber den Fokus auf das zu legen, was schon geglückt ist und wo wir gute Erfahrungen gemacht haben.

Pferde können uns bei diesem Prozess perfekt unterstützen. Denn sie reagieren zwar ungeschönt auf uns und unser Verhalten, aber sie bleiben dabei stets zugewandt und sind bereit, immer wieder neu in Kontakt mit uns zu gehen.

Diese Fragen helfen dabei, Klarheit über die eigene innere Haltung zu erhalten:
> *Was macht das Verhalten des Pferdes gerade mit mir?*
> *Welche Gedanken und Gefühle löst es aus?*
> *Wo fühle ich mich vielleicht ertappt, aber auch bestärkt?*

Das Pferd als Spiegel?

Ich bin sicher, viele Pferdemenschen kennen das Zitat des deutschen Schriftstellers Rudolph G. Binding: *»Das Pferd ist dein Spiegel. Es schmeichelt dir nie. Es spiegelt dein Temperament. Es spiegelt deine Schwankungen. Ärgere dich nie über dein Pferd, du könntest dich ebenso über deinen Spiegel ärgern.«* Ich finde die Aussage wichtig und möchte diese – gerade, weil sie so häufig verwendet wird – einmal kritisch beleuchten.

Ein Spiegel ist zunächst einmal eine leere Fläche, in der sich etwas reflektiert. Er zeigt also nie, was »wirklich« ist. Er zeigt nur die Reflexion aus der Perspektive des jeweiligen Be-

»Wer sieht was im Spiegel?«

trachters. Und dies wird noch ergänzt durch die Interpretation, die der Betrachter dem Reflektierten zuschreibt. Wir sehen in einem Spiegel also nie die Wirklichkeit, sondern immer nur das, was wir gerade sehen können oder wollen.

Ähnlich ist es, wenn ich einem Pferd wirklich begegne. Von ihm werde ich keine allgemeingültige Wahrheit erfahren. **Alles, was ich an Reaktion beim Pferd beobachte, unterliegt wiederum meiner eigenen Interpretation.**

Und es kommt noch etwas dazu: Im Gegensatz zum Spiegel ist das Pferd keine leere Projektionsfläche. Es hat seine eigenen Bedürfnisse und Wesensmerkmale. Es bringt seine eigene Stimmung und sein Energielevel mit. All das beeinflusst die Reaktionen des Pferdes auf uns und unser Verhalten.

Zu behaupten, dass mein Pferd aggressiv wird, weil ich wütend bin, oder dass es traurig ist, weil ich traurig in den Stall komme, greift eindeutig zu kurz und wird der Komplexität der Begegnung zweier Lebewesen nicht gerecht. Einerseits bringt das Pferd immer sein eigenes Sein, seine Gefühle, seine Geschichte und seinen Charakter in die jeweilige Situation mit. Andererseits interpretiere ich, als Person, die sich im Pferd zu spiegeln meint, das, was ich dort sehe, immer im Kontext der eigenen Gefühlslage und der Situation, in der ich mich befinde.

Auf dieser Basis wird dann jedoch auch wieder klar, warum man das Pferd eben doch – mit Bedacht, und vielleicht etwas anders als Eingangs gedacht – als Spiegel des Menschen bezeichnen kann.

Denn: Die Wahrheit liegt im Auge des Betrachters!

Wenn ich also bereit bin, im Kontakt mit dem Pferd in einen Selbstreflexionsprozess einzusteigen, dann kann ich unheimlich viel über mich selbst lernen. Dann erfahre ich, wie ich das, was ich wahrnehme, deute und wie ich mir mein eigenes Sein und Verhalten erkläre. Und ich kann darüber nachdenken, ob ich das so – und nicht anders – wirklich haben möchte.

Ich darf dabei aber nicht vergessen, dass ich es mit einem lebendigen Spiegel zu tun habe, der in die Spiegelung, die ich betrachte, immer auch seine ganz eigene Färbung mit hineinbringt. Denn nicht jedes Pferd reagiert auf mich in einem bestimmten Zeitpunkt exakt gleich. Jedes Pferd reagiert so, wie es seiner Persönlichkeit in genau diesem speziellen Moment entspricht.

Letztlich gibt uns das Pferd auf diese Weise vor allem eines: ein wertfreies Feedback darüber, ob es uns als kohärent – als stimmig in unserem Tun und Sein – wahrnimmt oder nicht. Diesem Feedback können wir wichtige Impulse für unsere Entwicklung entnehmen. Wenn wir bereit sind, hinzuschauen.

Ich fühle, was du fühlst – Spiegelneuronen

Vielleicht haben Sie schon einmal erlebt, dass ein Lachen ansteckend war oder dass Sie mit jemandem – und sei es nur im Film – mitweinen mussten. Es scheint fast so, als würde man vom Gefühl des anderen angesteckt. Und genauso ist es!

Menschen und andere höhere Säugetiere sind zu Mitgefühl in der Lage. Verantwortlich dafür sind die sogenannte Spiegelneuronen. Die Spiegelneuronen reagieren automatisch, ohne dass wir darüber nachdenken müssen, und können sogar dazu beitragen, dass wir uns so fühlen, als würden wir die Situation, die wir beobachten, selbst erleben.

Dass sich Spiegelneuronen überhaupt entwickelt haben, lässt sich evolutionär begründen: ohne sie wäre das tägliche Zusammenleben sozialer Lebewesen nicht möglich. Bereits vor der Entwicklung der verbalen Kommunikation konnten sich unsere Vorfahren auf diese intuitive Art und Weise vermutlich miteinander verständigen. Spiegelneuronen helfen uns, vorauszuahnen, wie andere sich verhalten werden.

Spiegelneuronen (oder genauer gesagt: Nervenzellen im Gehirn, die für die Ausführung einer bestimmten Handlung oder das Fühlen einer bestimmten Empfindung zuständig sind, die gleichzeitig, aber auch dann aktiviert werden, wenn wir eine ähnliche Handlung oder Empfindung bei jemand beobachten) machen uns zu mitfühlenden, sozialen Wesen.

Auch Pferde sind mitfühlende, soziale Wesen. Sie verfügen also ebenfalls über Spiegelneuronen und über die Fähigkeit, wahrzunehmen und zumindest ein stückweit nachzuempfinden, was ihr Gegenüber fühlt und erlebt.

Sowohl Menschen untereinander als auch Pferde untereinander, aber eben auch Pferde bei Menschen (und andersherum) können fühlen, wie es dem jeweils anderen geht. Dies ist eine der wesentlichen Grundlagen des pferdegestützten Coachings.

Auf dieser Basis wird intuitives Verstehen zwischen Menschen und Pferden möglich. Diese artübergreifende Verständigung ist der Grund dafür, warum die Beziehung zwischen Menschen und Pferden so intensiv und persönlichkeitsentwickelnd sein kann.

Gut zu wissen

Führung, die die richtige Balance zwischen »Sicherheit geben« und »Freiraum gewähren« findet, hat etwas mit Vertrauen, Respekt und spielerischer Flexibilität zu tun. Niemals aber mit Angst.

So gelingt der Beziehungs-aufbau

Für den Beziehungsaufbau zwischen Mensch und Pferd
spielt das »miteinander Sein« eine entscheidende Rolle.
Doch wie sollen wir dieses gestalten?

Hilfreich ist ein Blick auf die Aktivitäten und Verhaltensweisen von Pferden im Lauf eines Tages: Ein Pferdetag ist
von unterschiedlichen gemeinsamen Aktivitäten geprägt. Die
Tiere fressen mit- und nebeneinander, sie ruhen gemeinsam
und manchmal spielen sie miteinander. Dabei überwiegt die
gemeinsame Aktivität ohne direkten Körperkontakt gegenüber der, bei der sich die Pferde berühren. Aus dieser Kennt-
nis ergeben sich für uns unterschiedliche Optionen für das gemeinsame Sein mit Pferden.

Nichts tun – einfach Sein

Unser Alltag und unsere leistungsorientierte Gesellschaft
machen es uns oft schwer, mit einem guten Gewissen »einfach
nur zu sein«. Den Pferden geht es anders. Sie sind immer im
Hier und Jetzt. Das eröffnet uns eine große Chance: Wir können zur Ruhe kommen und zu uns selbst finden. Wir können
uns einen der seltenen Augenblicke gönnen, uns mit dem Hier
und Jetzt und mit uns selbst zu verbinden.

Wenn Sie keinen Zeitdruck und keine Erwartungen an sich
oder an das Pferd stellen müssen, empfehle ich diese Übung:
Stellen oder setzen Sie sich entweder in die Pferdeherde oder
gehen Sie zu einem einzelnen Pferd und schließen Sie sich ihm
an. Jetzt zählt nur der eigene Rhythmus und der der Pferde.
Wenn diese ruhen, ruhen Sie mit ihnen, wenn diese sich bewegen, ziehen Sie mit ihnen weiter, wenn sie fressen, sind Sie
einfach dabei.

Besonders schön ist diese Übung, wenn sich eine Pferdeherde über eine Weide bewegt. In dieser Situation strahlen die
Pferde eine intensive Ruhe aus und es kann gut gelingen, sich

>*»Genussvoll einfach nur dabei
sein.«*

mit den Pferden und ihrer gemeinsamen Energie zu verbinden – damit vertiefen wir unsere Beziehung zu ihnen. (Eine
ausführliche Beschreibung der Übung finden Sie im Anhang I
auf Seite 206 unter Übung 6 *»Begegnung mit der Herde – nichts
tun, einfach sein!«*.)

Im Körperkontakt

Zu Körperkontakt kommt es unter Pferden insbesondere dann, wenn sie gegenseitige Körperpflege betreiben. Sie
»kraulen« sich mit Hilfe ihrer Zähne an Schultern, Mähnen-
kamm und Rücken. Diese Form der Körperpflege wird in der
Regel von Pferden betrieben, die sich gegenseitig nahestehen.
Die Rangordnung spielt in diesem Zusammenhang nur eine
untergeordnete Rolle.

Als Mensch können wir das gegenseitige Kraulen nur teilweise imitieren bzw. anwenden. Denn von einem Pferd mit
den Zähnen »gekrault« zu werden, hält unsere dünne Haut
nicht aus. Was wir aber tun können ist, mit Hilfe unserer Hände
oder auch mit Hilfe von Putzutensilien zumindest den aktiven
Kraulpart zu imitieren. Und unsere Pferde können lernen, uns
vorsichtig mit den Lippen zurückzukraulen.

Wenn es um den Auf- und Ausbau der Beziehung zum
Pferd geht, steht bei dieser Tätigkeit nicht die Sauberkeit des
Beziehungspartners auf dem Programm, sondern die Acht-
samkeit gegenüber seinen Bedürfnissen. Wo genau mag das
Pferd gerade besonders gerne gekrault werden? Wie sanft oder
fest bevorzugt es den Kontakt?

Viele Menschen, die sich mit Pferden in Kontakt begeben,
betrachten das Putzen des Pferdes als notwendiges Übel. Bestenfalls gehört es halt einfach dazu und wird unbedacht, un-
aufmerksam und schnell erledigt. Dabei verbirgt sich hinter
dieser Tätigkeit eine wunderbare Möglichkeit, die Beziehung

zum Pferd aufzubauen, die achtsame Wahrnehmung des Beziehungspartners zu üben und – wie nebenbei – auch noch etwas über den Gesundheitszustand des Pferdes zu erfahren.

Miteinander in Bewegung

Sich von seiner Herde zu entfernen und mit einem Menschen loszugehen kann für ein Pferd (je nach vorhandener oder eben nicht vorhandener Erfahrung und Sicherheit) ein großer Stressfaktor sein. Was aber benötigt das Pferd, damit es sich dem Menschen »freiwillig« anschließt? Denn das ist es letztlich, was wir uns oft von unseren Pferden wünschen. Wie kann das gemeinsame Miteinander so gestaltet werden, dass das Pferd selbst Lust darauf hat, etwas mit uns zu unternehmen?

Wenn Sie Ihr Pferd einmal anders zur Interaktion einladen wollen, als Sie es bisher in der Regel tun, dann finden Sie im Anhang auf Seite 208 die Übung 7 *»Einladung zur Interaktion – was machen wir heute?«*.

Es geht um die Frage der richtigen Führung

Für mich bedeutet Führung, die richtige Balance zu finden zwischen »Sicherheit geben« und »Freiraum gewähren«. Führen bedeutet Verantwortung übernehmen, geführt werden bedeutet Verantwortung abgeben. Dies kann ein Pferd aber nur, wenn derjenige, der die Führung übernimmt, das auch wirklich tut. Und zwar so souverän wie ein gutes Leittier in der Herde. Situativ, Freiraum gebend, selten wirklich eingreifend ...

Gutes Führen erfordert genaues Hinschauen und viel Flexibilität, so dass mir mein Gegenüber vertrauensvoll folgen kann. Dafür benötigen wir einen Dialog und nicht die Annahme, dass wir einfach eine Ansage machen, der gefolgt wird.

Schauen wir uns noch einmal an, wie Führung in einer natürlich entstandenen Herde funktioniert, wie sich die Tiere bewegen und wie sie sich gegenseitig folgen. Zu einer solchen Herde gehören in der Regel ein älterer Hengst und einige Stuten sowie deren Nachkommen. Unter diesen Nachkommen können durchaus weitere Hengste sein, die sich dem souveränen Althengst anschließen.

1. Die Führposition der souveränen und erfahrenen Stute

Diese Stute weiß, wo es lang geht. Sie kennt den sicheren Weg, weiß wo es gutes Gras, sichere Passagen und flachen Zugang zu Wasserstellen gibt. Sie geht ihren Weg. Sie führt nicht gezielt, sondern die anderen Pferde entscheiden, ihr zu folgen, weil es sich lohnt. Weil sie den Entscheidungen und der Erfahrung der Stute vertrauen.

Um als Mensch diese Führposition zu übernehmen, benötigen wir vor allem eines: Ein hohes Maß an Souveränität und die klare Entscheidung, dass mein Weg für alle (also für mich und für das Pferd) jetzt der richtige ist. Dem Pferd, das mir folgen soll, muss klar sein, dass es mir vertrauen kann und dass es auf der sicheren Seite ist, wenn es sich mir anschließt.

Führung aus dieser Position heraus baut auf Vertrauen auf. Vertrauen basiert auf Beziehung. Das Vertrauen des Führenden wiederum basiert auf Selbstvertrauen.

2. Die Führposition des wachsamen Hengstes mit Überblick

Der Althengst ist für die Sicherheit der Herde zuständig. Er kann diese Aufgabe in einer Herde zwar an andere Herdenmitglieder delegieren, aber im Großen und Ganzen fällt sie in seinen Zuständigkeitsbereich. Das bedeutet, der Hengst ist viel mit dem Außen beschäftigt, mit Dingen, die um ihn herum geschehen und bei denen er entscheiden muss, wie auf sie zu reagieren ist. Der Althengst hält in der Regel mehr Abstand zum Rest der Herde als die anderen Pferde untereinander. Er behält den Überblick und schreitet führend im Prinzip nur dann ein, wenn etwas nicht so läuft, wie er es für sicher und gut hält. Das kann zum Beispiel sein, wenn einzelne Pferde vom sicheren Pfad abweichen oder wenn sie sich zu weit von der Herde entfernen.

Wenn ein Mensch diese Position beim Führen einnehmen will, braucht er entweder einen relativ langen Strick oder er agiert ganz ohne Strick. Denn beim Führen aus der Position des Althengstes heraus ist der Abstand zum geführten Pferd größer als bei allen anderen Führpositionen. Außerdem bewegen wir uns als Menschen in dieser Führposition tendenziell seitlich hinter dem Pferd.

Führung aus dieser Position heraus basiert auf Respekt. Aber keineswegs auf Angst.

3. Die Position von Sparringspartnern

Diese Position ist eher ein Mit- und Nebeneinander als ein klares Führen. Man kann sie vor allem bei spielenden bzw. rangelnden Pferden beobachten. Kennzeichnend ist oft, dass Führen und Folgen einander abwechseln, oder dass von außen nicht genau erkennbar ist, wer gerade welche Rolle innehat. Nebeneinander und Hintereinander wechseln ab und die gemeinsame Freude an der Bewegung steht stärker im Vordergrund als eine konkrete Bewegungsrichtung oder ein gezieltes Ergebnis.

Führung aus dieser Position heraus baut auf spielerischer Flexibilität auf und führt zu einer freundschaftlichen Verbindung.

Interessanterweise lernt man in den meisten Reitschulen **das Führen neben dem Pferd** als alleinige Möglichkeit kennen und obwohl diese Art des Führens am ehesten dem spielerischen Miteinander von Sparringspartnern entspricht, fehlt ihr in den meisten Fällen die spielerische Flexibilität, die die Pferde bei dieser Position eigentlich an den Tag legen. Da Pferde in der Regel sehr bemüht sind, zu gefallen und mitzumachen, gewöhnen sie sich an diese für sie selbst vermutlich seltsam anmutende Art, sich gemeinsam fortzubewegen. Sie verlieren dabei aber nicht selten zumindest teilweise die Freude am sich ausprobieren und am gemeinschaftlichen Miteinander.

Wer sein Pferd beziehungsfreundlich in dieser Position führen möchte, den lade ich zu einer gewissen Flexibilität ein, die es ermöglicht, Impulse des Pferdes wahr- und aufzunehmen. Dabei kann es durchaus passieren, dass auch einmal das Pferd den Ton angibt.

Aus meinem Pferde-Team

Loki ist vier Jahre alt, als er bei mir einzieht. Ein selbstbewusstes kleines Pferd mit einem großen Herzen, einer ordentlichen Portion eigenem Willen und vielen spannenden Ideen.

In unsere Beziehung starten wir mit Spaziergängen. Hier übernehme ich zunächst die Führposition der Stute und gehe vor ihm her. Dabei kommt es vor, dass er aus dieser Position heraus seinen eigenen Kopf durchsetzen möchte, etwa weil ich ihm zu langsam gehe (oder zu schnell) oder weil er etwas entdeckt hat, was seine Aufmerksamkeit erregt und was – für den Moment – wichtiger ist als unsere Beziehung und als gemeinsam unterwegs zu sein.

Mal bleibt er stehen, mal zieht er nach links oder rechts, mal überholt er mich. Immer wieder gibt es Situationen, in denen das Potenzial steckt, aneinander zu geraten oder unsere noch junge und nicht wirklich stabile Beziehung ins Wanken zu bringen.

Für mich ist es in solchen Momenten vor allem wichtig, Loki das Gefühl zu geben, dass er bei mir gut aufgehoben ist, dass ich seine Meinung ernst nehme – auch wenn wir seinen Ideen nicht immer folgen. Dieses Vorgehen fällt mir nicht immer leicht und hin und wieder misslingt es mir, aber was gelingt ist, dass Loki im Lauf der Zeit ein klares Gerüst für unsere Spaziergänge an die Hufe bekommt, was in unserer Beziehung möglich ist, wie wir aufeinander achten und miteinander umgehen.

Lonny, 1990–2020

Auch Abschied nehmen gehört dazu

ls Unternehmer- und Führungskräftecoach oder im Bereich der Teamentwicklung setze ich mittlerweile ganz bewusst auch zahlreiche andere Methoden ein, um Menschen in ihrer Entwicklung zu begleiten, aber auf die Unterstützung der Pferde möchte ich nie mehr verzichten!

Auf meinem Weg haben mich meine Pferde und insbesondere Lonny in den vergangenen Jahren maßgeblich begleitet. An Lonny durfte ich sowohl persönlich als auch professionell wachsen. Er hat mir keinen Fehler übelgenommen und mir gleichzeitig immer wieder mehr oder weniger deutlich gezeigt, wenn ich nicht richtig unterwegs war. Aber er hat mich auch dabei unterstützt, vom Holzweg auf den für uns und für mich richtigen Weg zu kommen und diesen konsequent weiterzugehen.

Ich habe unendlich viel von und mit Lonny (aber auch durch alle anderen Pferde, denen ich bisher begegnen durfte) gelernt. Dabei beruhigte und entspannte sich durch meine eigenen Lernschritte auch sein Leben und Verhalten immer mehr, das wie beschrieben am Anfang herausfordernd war. Damit konnte Lonny schließlich auch viele andere Menschen auf ihrem Weg begleiten. Er hat Teams aufgezeigt, an welchen Stellen sie ihre Kommunikation verbessern dürfen, Führungskräften, wie sie in größere Klarheit in Bezug auf ihre Führung kommen und Menschen, dass sie sich durchaus etwas zutrauen können.

In jedem Coaching, an das ich mich erinnern kann, hat Lonny den »richtigen Ton« getroffen, sich auf die Menschen, die ihm begegnet sind, voll und ganz eingelassen und gleichzeitig mit seiner Meinung nie hinter dem Berg gehalten! Einen besseren Begleiter für mein pferdegestütztes Coaching hätte ich mir nicht vorstellen können. Ich bin diesem Pferd für alles, was es in mein Leben gebracht hat, unendlich dankbar.

Begleiter und Freunde werden alt

So verliefen unsere Leben ineinander verwoben und parallel – und irgendwann musste ich feststellen, dass die Zeit an uns nicht spurlos vorübergegangen war. Mein Begleiter war alt geworden. Er selbst schien diesen Umstand gerade am Anfang nicht wirklich realisiert zu haben, aber was langsam begann, ließ sich irgendwann nicht mehr leugnen. Immer häufiger kam es zu Situationen, in denen ich ihn zu seinem eigenen Schutz nicht im Coaching einsetzen konnte. Dann wieder gab es Phasen, in denen er sich fast wie ein junges Pferd benahm.

Das Thema »Abschied nehmen« wurde in unserem Alltag immer präsenter und damit auch meine Verantwortung, das Wohl des Pferdes in den Mittelpunkt zu stellen. Zunehmend brauchte Lonny mehr Aufmerksamkeit und Fürsorge, die ich ihm gerne zuteilwerden ließ, denn sie gab mir die Möglichkeit, ihm etwas zurückzugeben.

Ostern 2020 war es soweit. Ich musste mich zum ersten Mal von einem meiner Pferde verabschieden. Lonny beendete sein Leben in einem kurzen, aber heftigen Kampf. Ich hatte mir für ihn ein friedliches Einschlafen gewünscht, doch vermutlich hätte dieser Abschied nicht zu seiner Art zu leben gepasst. Es tröstet mich, dass ich das Glück hatte, ihn auf seinem Weg begleiten zu können.

Ausblick

Wenn wir Pferden begegnen und offen dafür sind, dann begleiten sie uns gerne auf der Reise zum Kern unserer Persönlichkeit. Diese Bereitschaft entfaltet insbesondere im pferdegestützten Coaching ihre ganze Kraft für persönliche Entwicklungsprozesse – vor allem auch für nicht pferdebegeisterte Menschen. Seit über zehn Jahren bin ich immer wieder fasziniert davon, mit welcher Präzision und Feinfühligkeit Pferde als Co-Coaches die Prozesse meiner Klienten begleiten.

Seit 2022 habe ich Wissen rund ums systemische und pferdegestützte Coaching gebündelt und biete, gemeinsam mit Kolleginnen und Kollegen, unter dem Dach der »Pferde-Schule: Zentrum für pferdegestütztes Coaching« eine umfangreiche Weiterbildung zum systemisch-pferdegestützten Coach an. Das Buch, das Sie gerade in Händen halten, enthält wesentliche Grundlagen dieser Weiterbildung.

Neben dem fundierten Wissen über Pferde und über die besondere Wirkung, die der Kontakt zu diesen wunderbaren Wesen auf uns Menschen haben kann, lebt pferdegestütztes Coaching auch von den dabei eingesetzten Methoden und der Fähigkeit des menschlichen Coaches, diese zielgerichtet und flexibel zu begleiten. Im Rahmen der Weiterbildung zum systemisch-pferdegestützten Coach und in Zusammenarbeit mit den beteiligten Kolleginnen und Kollegen ist eine umfangreiche Methodensammlung entstanden, deren Veröffentlichung ebenfalls geplant ist.

Wenn Sie mehr über die Weiterbildung wissen wollen, finden Sie alle aktuellen Informationen auf der Webseite:

www.pferde-schule.net

Ihre

Anna Stempel-Romano

Anhang

Anhang I

Auswahl an Übungen

Übung 1: Erwartungen loslassen

Diese Übung ist eine kleine, aber feine Atemübung, die Sie an jedem Ort und zu jeder Zeit machen können. Sie brauchen dafür nichts als Ihre Gedanken und Ihren Körper.

Stellen oder setzen Sie sich für diese Übung so hin, dass beide Beine fest den Boden berühren und richten Sie sich auf.

Lassen Sie Ihren Atem ein- und ausströmen und beobachten Sie für ein paar Atemzüge einfach den Fluss Ihres Atems. Machen Sie sich dann die Erwartungen bewusst, die Sie gerade an die aktuelle Situation haben und die Sie loslassen wollen.

Stellen Sie sich vor, dass Sie **mit jedem Ausatmen** mehr und mehr dieser Erwartungen nach außen abgeben. Der Wind trägt Ihre Erwartungen einfach davon.

Stellen Sie sich **bei jedem Einatmen** vor, dass Sie Raum für neue Möglichkeiten, Entdeckungen und Erfahrungen ein-atmen.

> *Beim Ausatmen – Erwartungen ausatmen und davonfliegen lassen ...*
> *Beim Einatmen – Raum für Neues schaffen ...*

Atmen Sie auf diese Weise eine Weile weiter, bis Sie das Gefühl haben, neugierig und offen auf die Situation zu blicken – und nicht voller Erwartungen, die vielleicht enttäuscht wer-den könnten.

Übung 2: Embodiment

Diese Übung kann mit oder ohne Pferd gemacht werden. Falls das Pferd anwesend ist, läuft es einfach frei auf dem Reitplatz herum und entscheidet selbst, wann und in welcher Form es Kontakt zum Menschen aufnehmen möchte.

Damit Sie sich frei und ungezwungen bewegen können, empfiehlt es sich, für diese Übungen einen ruhigen Ort zu wählen, der vor den Blicken anderer abgeschirmt ist.

Zunächst formulieren Sie für sich die gewünschte innere Haltung. Überlegen Sie sich eine Formulierung – und schreiben Sie diese auf. Beispiele: »Ich fühle mich frei und leicht« oder »Mutig und entschlossen gehe ich meinen Weg«. Sie können auch nur ein einzelnes Wort aufschreiben, also etwa »Mut« oder »Leichtigkeit«.

> *Schritt 1: Kommen Sie nun langsam in Bewegung. Laufen Sie, springen Sie – Bewegung entsteht leichter aus der Bewegung heraus. Sie sind unbeobachtet – machen Sie die Bewegungen, die Ihnen gefallen.*
> *Schritt 2: Arbeiten Sie langsam die für Sie passende Körperhaltung oder Bewegung für Ihren Satz oder für Ihr Wort aus. Falls Sie einen Satz formuliert haben, macht es Sinn, sich schrittweise anzunähern. Experimentieren Sie so lange mit Körperhaltungen oder Bewegungen, bis es sich wirklich stimmig anfühlt. Passt Ihre Bewegung zur gewünschten inneren Haltung?*
> *Schritt 3: Halten Sie den Bewegungsablauf schriftlich fest.*
> *Schritt 4: Führen Sie die Gesamtbewegung noch ein- oder mehrmals aus. Spüren Sie nach. Möchten Sie noch etwas ändern?*

Die so entstandene Bewegung können Sie immer dann umsetzen, wenn Sie sich in das gewünschte Gefühl versetzen wollen.

Übung 3: Gefühle wahrnehmen und akzeptieren

Diese Übung hilft Ihnen dabei, eine gute Entscheidung dahingehend zu treffen, was an diesem Tag im Zusammensein mit dem Pferd angegangen werden sollte und was nicht.

Je nach Gemütszustand kann es sein, dass die geplante Trainingseinheit vielleicht sogar ausfällt. Oder man geht eine Runde mit dem Pferd grasen oder im Wald spazieren. Die Übung kann immer wieder gemacht werden und eignet sich besonders für die Tage, an denen Sie das Gefühl haben, nicht ganz in Ihrer Mitte zu sein. Das Praktische daran: Man braucht nichts, außer einem ruhigen Ort, am besten in der Natur.

So geht's:

Bevor Sie heute Ihr Pferd begrüßen, suchen Sie einen ruhigen Ort in der Stallumgebung auf, an dem Sie ganz für sich sein können. Atmen Sie tief durch, schließen Sie die Augen und spüren Sie in sich hinein.

Fragen Sie sich selbst:
> *Wie geht es mir gerade? Wie bin ich drauf?*
> *Was genau fühle ich? Was geht in mir vor?*
> *Bin ich angespannt oder locker?*
> *Gereizt oder fröhlich?*
> *Habe ich Kummer oder Sorgen?*
> *Stehe ich unter Stress oder bin ich ganz ruhig?*
> *Was belastet mich? Was hat mir zugesetzt?*
> *Was wünsche ich mir jetzt? Was brauche ich?*
> *Was würde ich jetzt am liebsten tun?*
> *Was erhoffe ich mir von der Zeit beim Pferd und sind meine Wünsche realistisch?*

Wenn Sie herausgefunden haben, was Ihnen heute guttut, dann öffnen Sie die Augen und nehmen Sie mit allen Sinnen Ihre Umgebung wahr. Nun können Sie sich auf eine achtsame Begegnung mit Ihrem Pferd freuen.

Sie können in diese Übung auch Ihr Pferd mit einbeziehen:

Vor der Begrüßung mit dem Pferd suchen Sie einen Ort auf, von dem aus Sie dieses beobachten können. Dann stellen Sie sich diese Fragen (sie ähneln denen, die Sie an sich selbst gestellt haben):

> *Wie nehme ich mein Pferd jetzt gerade wahr?*
> *Welchen Bedürfnissen geht es gerade nach?*
> *Was für Herausforderungen erlebt es gerade in seiner Herde?*
> *Was könnte meinem Pferd jetzt guttun?*
> *Lässt sich zwischen meinem Bedürfnis und dem des Pferdes eine gute Schnittmenge finden?*

Übung 4: Achtsamkeit – ein kurzer Check-In

Diese Übung kann mit oder ohne Pferd gemacht werden. Falls das Pferd anwesend ist, läuft es einfach frei auf dem Reitplatz herum und entscheidet selbst, wann und in welcher Form es Kontakt zum Menschen aufnehmen möchte.

Suchen Sie sich einen Ort aus, an dem Sie sich wohlfühlen. Stellen Sie sich entspannt, aber aufrecht hin. Die Augen sind geschlossen oder geöffnet – machen Sie es so, wie Sie es möchten. Falls die Augen geöffnet sind, ist es empfehlenswert, vor sich einen Punkt auf dem Boden oder in einiger Entfernung zu fixieren. Zu jedem Zeitpunkt der Übung können Sie Ihre Haltung ändern, Sie müssen es aber nicht.

> *Schritt 1: Nehmen Sie nun den Boden unter Ihren Füßen wahr. Stellen Sie sich vor, Sie verbinden sich ganz fest mit dem Boden, so dass Sie ganz sicher stehen.*
> *Schritt 2: Atmen Sie jetzt ganz bewusst ein und aus und nehmen Sie wahr, wie Ihr Atem von der Nasenspitze durch die Luftröhre bis in den Bauch fließt. Nehmen Sie wahr, wie sich dabei Ihr Brustkorb und Ihr Bauch heben und beobachten Sie dann beim Ausatmen, wie beides sich wieder senkt.*
> *Schritt 3: Machen Sie einen kurzen Check durch Ihren Körper.*
> *Wo sind Sie entspannt, wo angespannt?*
> *Haben Sie irgendwo Schmerzen?*
> *Ist Ihnen warm oder eher kalt?*
> *Nehmen Sie dies einfach wahr, Sie müssen nichts verändern.*
> *Schritt 4: Machen Sie nun einen kurzen Check Ihrer Gefühle.*
> *Wie fühlen Sie sich?*
> *Wo spüren Sie Ihre Gefühle besonders gut?*

Versuchen Sie, die Gefühle nicht zu bewerten oder sogar zu unterdrücken. Diese sind gut so, wie sie sind, egal welche es gerade sind.

> *Schritt 5: Nehmen Sie sich einen kurzen Moment komplett wahr – Körper und Geist in Verbindung. Konzentrieren Sie sich dann wieder auf den Kontakt zwischen Ihren Füßen und dem Boden.*
> *Atmen Sie noch einmal tief durch – öffnen Sie die Augen.*

Übung 5: Erste Begegnung

Eine Herde oder ein einzelnes Pferd bewegt sich frei auf der Weide oder auf dem Reitplatz/in der Halle. Achten Sie darauf, dass alles, was ablenken könnte, draußen bleibt. Insbesondere Smartphones und Leckerlies haben in dieser Übung nichts zu suchen.

Bevor Sie sich dem Pferd oder der Herde nähern, lassen Sie ganz bewusst alle Erwartungen auf das, was jetzt gleich passieren soll, los. Wenn es Ihnen hilft, dann machen Sie an dieser Stelle zunächst die Übung 1 »Erwartungen loslassen«. Es geht nicht darum, irgendetwas zu erreichen, sondern darum, die Pferde ganz absichtslos wahrzunehmen. Wenn Sie bereit sind, gehen Sie in die Herde.

Möglichkeit 1: Ganz bei sich bleiben

> *Passiv – stellen Sie sich irgendwo hin und seien Sie einfach bei sich bzw. beobachten Sie die Pferde. Was tun diese, wie reagieren sie auf Ihre Anwesenheit oder zeigen diese keine für Sie wahrnehmbare Reaktion?*
> *Aktiv – bewegen Sie sich durchs Gelände (Paddock oder Weide). Gehen Sie dabei nicht gezielt auf die Pferde zu, sondern bewegen Sie sich »einfach so« durch die Gegend. Folgen Sie Ihren eigenen Bewegungsimpulsen und seien Sie sich gleichzeitig bewusst, dass schnelle und unerwartete Bewegungen die Pferde erschrecken können. Beobachten Sie auch dabei die Pferde.*

Möglichkeit 2: Mit der Herde in Interaktion

> *Die Pferde nehmen Kontakt auf – vielleicht kommen einzel-
> ne oder mehrere Pferde auf Sie zu, um Sie besser kennen-
> zulernen. Bleiben Sie in dieser Situation bei sich. Nehmen
> Sie Ihre eigenen Impulse wahr und entscheiden Sie bewusst,
> welchen Sie folgen möchten. Achten Sie darauf, wie die
> Pferde auf diese Impulse reagieren.*
> *Sie nehmen Kontakt auf – wenn Sie nach einiger Zeit den
> Impuls verspüren, sich einem oder mehreren Pferden
> konkreter anzunähern, dann achten Sie darauf, dass Sie
> diese Annährung langsam angehen. Beobachten Sie dabei,
> wie das Pferd reagiert und behalten Sie auch die anderen
> Pferde im Blick.*

Anschließend können Sie, wenn Sie wollen, das Erlebte
reflektieren.

Fragen, die Sie sich stellen können:
> *Wie habe ich mich selbst und wie die Pferde
> wahrgenommen?*
> *Welche Gefühle habe ich bei mir beobachtet?*
> *Welche Impulse kamen hoch? Bin ich ihnen gefolgt?
> Warum? Warum nicht?*
> *Kenne ich Situationen in meinem Alltag, in denen
> ich mich ähnlich fühle oder handle?*

Übung 6: Begegnung mit der Herde – nichts tun, einfach sein!

Selbst wenn Sie eine Herde schon kennen, können Sie ihr mit neuem Blick begegnen. Für diese Übung ist es sinnvoll, Smartphone und Leckerlies draußen zu lassen.

> *Entscheiden Sie sich dann ganz bewusst, in die Rolle des Gastes zu schlüpfen und gehen Sie ohne eigene Erwartungen in die bekannte Herde hinein.*
> *Folgen Sie den Impulsen der Pferde. Was tun diese?*
> *Passen Sie sich und Ihre Energie der Herde an.*

Diese Übung ist besonders schön, wenn sich die Pferde entspannt auf der Weide bewegen. Wenn es Ihnen gelingt, sich in dieser Situation auf die Energie der Pferde einzulassen, dann spüren Sie vielleicht, wie sich Ihr Herzschlag beruhigt und wie Sie innerlich zur Ruhe kommen. Lassen Sie sich einfach eine Weile mit den Pferden auf der Weide treiben.

Wenn Sie sich in Ihrer Herde sicher fühlen, dann können Sie sich auch auf den Boden setzen. Bitte beachten Sie dabei grundlegende Sicherheitsaspekte im Umgang mit Pferden und behalten Sie eine Grundwachsamkeit, die es Ihnen erlaubt, im Zweifel schnell wieder aufzustehen.

Im Laufe der Übung kann es vorkommen, dass eines oder mehrere der Pferde den Kontakt zu Ihnen aufnehmen wollen. Folgen Sie dabei Ihren eigenen Impulsen und achten Sie auf Ihre Grenzen. Wie nah will ich dieses Pferd jetzt gerade an mich heranlassen? Finde ich den Kontakt angenehm? Wird es mir zu eng?

Anschließend können Sie, wenn Sie wollen, das Erlebte reflektieren.

Fragen, die Sie sich stellen können:
> *Wie habe ich mich selbst und wie die Pferde wahrgenommen?*
> *Welche Gefühle habe ich bei mir beobachtet?*
> *Welche Impulse kamen hoch? Bin ich diesen gefolgt? Warum? Warum nicht?*
> *Kenne ich Situationen in meinem Alltag, in denen ich mich ähnlich fühle oder handle?*

Übung 7: Einladung zur Interaktion – was machen wir heute?

Ein Pferd oder mehrere Pferde stehen auf dem Paddock oder in der Reitbahn und Sie wollen mit einem der Pferde in näheren Kontakt kommen und in Interaktion gehen.

Ablauf der Übung:

Wenn mehrere Pferde zur Verfügung stehen, entscheiden Sie sich zunächst, mit welchem der Pferde Sie in Interaktion gehen wollen. Gehen Sie auf das ausgewählte Pferd zu und achten Sie dabei zunächst nur auf die Reaktionen des Pferdes.

Wenn Sie beim Pferd angekommen sind, stellen Sie sich seitlich (nicht zu dicht), auf Hals- bzw. Schulterhöhe neben das Pferd.

Achten Sie dann auf den eigenen Atem und beobachten Sie die eigenen Impulse – ohne ihnen zu diesem Zeitpunkt zu folgen. Nehmen Sie außerdem die Impulse des Pferdes wahr.

Wenn Sie dann in eine Interaktion starten, entscheiden Sie sich bewusst, ob Sie entweder einen Vorschlag des Pferdes aufnehmen oder selbst einen Vorschlag unterbreiten wollen.

Halten Sie immer wieder inne und reflektieren Sie, ob Sie sich mit der Interaktion gerade wohlfühlen und ob Sie das Gefühl haben, dass auch das Pferd sich wohlfühlt.

Was möchten Sie beibehalten, was ändern …?

Um die Übung zu beenden, entfernen Sie sich in aller Ruhe mehrere Meter vom Pferd. Eventuell ist es hilfreich, sich ganz bewusst mit etwas anderem zu beschäftigen, um dem Pferd deutlich zu machen, dass die Interaktion beendet ist.

Anschließend können Sie, wenn Sie wollen, das Erlebte reflektieren.

Fragen, die Sie sich stellen können:
> *Wie habe ich mich selbst und das Pferd wahrgenommen?*
> *Wie haben wir gegenseitig aufeinander reagiert?*
> *Hat sich während der Übung etwas verändert? Was?*
> *Welche Gefühle habe ich bei mir selbst beobachtet?*
> *Welche Assoziationen hatte ich während der Übung?*

Anhang

Anhang II

Fotonachweis, Links, Quellen- und Literatur- verzeichnis

Fotonachweis

Titel, S. 190 – Kerstin Rieber (www.kerstinrieber.de)

S. 16 – FF8CHM, Alamy Stock Foto / Granger

S. 18 – F Rep. 290 (02) Nr. 0200033, Landesarchiv Berlin, Fotograf: k.A.

S. 19 – Deutsches Museum Archiv München, CD60194,
Firmenprospekt der Fa. X. Fendt & Co.

S. 23 – Bildarchiv Foto Marburg, fmb29287_30

S. 24 – Tizian. The Prado in Google Earth. Gemeinfrei.
(commons.wikimedia.org/w/index.php?curid=22617836)

S. 25 – Jacques-Louis David. kb.dk pic. Gemeinfrei.
(commons.wikimedia.org/w/index.php?curid=1478444)

S. 29, 31, 33, 35 oben, 44, 55, 61 – Privat

S. 35 unten, 36, 46, 67, 171 – Frank S. Fischer (www.frank-s-fischer.de)

S. 110 – 1370792249, iStock / Adila Salah

Links

S. 18 – [2] https://www.pferdesportwestfalen.de/wir-sind-westfalen/geschichte-des-pferdes
Zuletzt abgerufen: Mai 2024

S. 19 – [4] http://www.berliner-verkehrsseiten.de/bus/Geschichte/ABOAG/AB-OAG_Fz/PB/body_pb.html
Zuletzt abgerufen: Mai 2024

S. 69 – [13] Siehe auch die Studie »Investigating anhedonia in a non-conventional species: Do some riding horses Equus caballus display symptoms of depression?« aus dem Jahr 2015 von Fureix et al.; https://research-information.bris.ac.uk/ws/portalfiles/portal/49100776/Investigating_anhedonia_in_a_non_conventional_species_accepted.pdf
Zuletzt abgerufen: Mai 2024

S. 70 – [14] Siehe auch die Studie »Animals Remember Previous Facial Expressions that Specific Humans Have Exhibited« aus dem Jahr 2018 von Proops et al.; https://www.sciencedirect.com/science/article/pii/S0960982218303646
Zuletzt abgerufen: Juni 2023

S. 97 – [16] https://de.wikipedia.org/wiki/Konsistenztheorie_von_Klaus_Grawe
Zuletzt abgerufen: Mai 2024

S. 133 – [22] https://lexikon.stangl.eu/1095/empathie
Zuletzt abgerufen: Mai 2024

Quellen- und Literaturverzeichnis

Antonovsky, Aaron (Autor); Franke, Alexa (Hrsg.): Salutogenese. Zur Entmystifizierung der Gesundheit. Tübingen. 2024.

Collard, Patrizia: Das kleine Buch vom achtsamen Leben. 10 Minuten am Tag für weniger Stress und mehr Gelassenheit. München. 2016.

Fiegler, Jutta; Truckenbrodt, Nicole: Von Pferden lernen. Wie der Umgang mit Pferden die Persönlichkeit entwickelt. München. 2004.

Hanh, Thich Nhat: Das Wunder der Achtsamkeit. Einführung in die Meditation. Bielefeld. 2022.

Kabat-Zinn, Jon: Jeder Augenblick kann dein Lehrer sein. Achtsamkeit für den Alltag. München. 2020.

Konnerth, Tania: 10 Wege zu meinem Pferd: Wie Mensch und Pferd glücklich zueinander finden. Stuttgart. 2018.

Lubetzki, Marc: Im Kreis der Herde. Von wilden Pferden lernen. Stuttgart. 2019.

Lubetzki, Marc: Im Gespräch mit wilden Pferden: Natürlich kommunizieren – die Koniks machen es uns vor. Stuttgart. 2022.

Marks, Stephan: Scham – die tabuisierte Emotion. Ostfildern. 2021.

Marks, Stephan: Die Würde des Menschen ist verletzlich – was uns fehlt und wie wir es wiederfinden. Ostfildern. 2022.

Müller, Karin: HippoSophia. Warum Pferd und Mensch sich gut tun. Die Heilkraft der Pferde, wissenschaftlich belegt. Stuttgart. 2018.

Raulff, Ulrich: Das letzte Jahrhundert der Pferde. Geschichte einer Trennung. München. 2015.

Roth, Wolfgang: Die resiliente Führungskraft: Sich selbst und andere gesund führen. Wiesbaden. 2021.

Solinski, Sadko G.: Reiter, Reiten, Reiterei. Hildesheim. 1997.

Solinski, Sadko G.: Das Gymnasium des Freizeitpferdes. Der Weg zu pferdegemäßem Reiten. Hildesheim. 2003.

Solinski, Sadko G.: Pferdegymnastik. Elemente der Pferdeausbildung in 100 Bildern von Josefine Jacksch. Hildesheim. 2014.

Tschacher, Wolfgang; Storch, Maja; Hüther, Gerald; Cantieni, Benita:
Embodiment. Die Wechselwirkung von Körper und Psyche verstehen und nutzen.
Göttingen. 2022.

Wilsie, Sharon: Sprachkurs Pferd: Pferdesprache lernen in 12 Schritten.
Stuttgart. 2018.

Wurmser, Léon: Die Maske der Scham: Die Psychoanalyse von Schamaffekten
und Schamkonflikten. Hohenwarsleben. 2017.

Zeh, Juli: Gebrauchsanweisung für Pferde. München. 2020.